健康人格三字经

主　编 ◎ 周宇文

副主编 ◎ 胡志英　谢平英　银向锋

·长沙·

顾　问 ◇	李小球	赵省健	刘绍业	王志海	肖君健
	肖伟颜	肖少和	邹兆林	吴　芬	曾凡智
	刘朝江	邓志华	李彦文	曾海军	高　英
	李国强	陈灿芬	龚高昌	刘中良	傅善正
	彭小平	梁康喜	龚五星	唐　固	陈春涛
	李永福	刘蒲南	陈代勇	梅良汉	朱国泽
主　编 ◇	周宇文				
副主编 ◇	胡志英	谢平英	银向锋		
编委会 ◇	曾亦农	周伟鹏	王祖生	彭　忠	舒建荣
	谢大捷	毛金日	朱超莉	刘小菊	吴红梅
	邬红清	宋淑芬	黄　芳	邓春燕	刘晓辉
	王　琼	梁三桂	柳朝阳	周伟文	唐　福
	刘　丹	阳金姣	刘　婷	梁雪梅	李霞晖
	刘蓉芳	康　勇	罗　律	伍若华	肖雄飞
	刘爱香	付倩宇	颜　荆	李存战	曾红亮
	曾　恕	邓剑龙	梁建军	戴践凡	朱新和
	陈工农	吴红兵	李奇和	谢振国	肖　林

2013年1月4日，全国青少年健康人格工程领导小组办公室、中国人口宣教中心组织中央党校、中国社科院、北京大学、清华大学、中国人民大学的专家学者，对娄底青少年健康人格工程试点工作进行调研，并在娄底市第四中学（以下简称娄底四中）举行了座谈会。与会领导和专家对娄底四中在健康人格培养实践中探索出的"1366"模式给予了高度评价，赞扬其在全国处于"领先地位"并欣然为娄底四中题词。

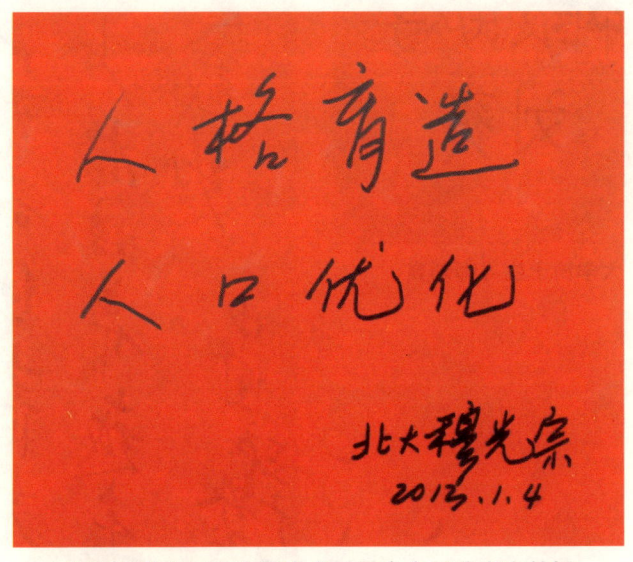

北京大学人口研究所学术委员会主任穆光宗教授

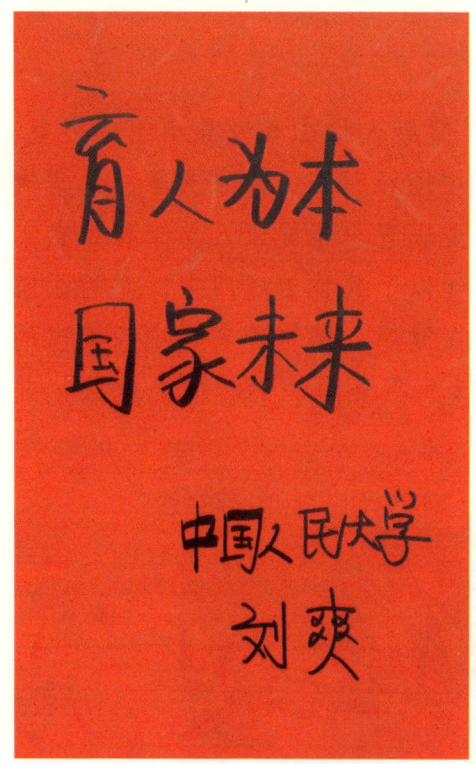

中国人民大学博士生导师刘爽

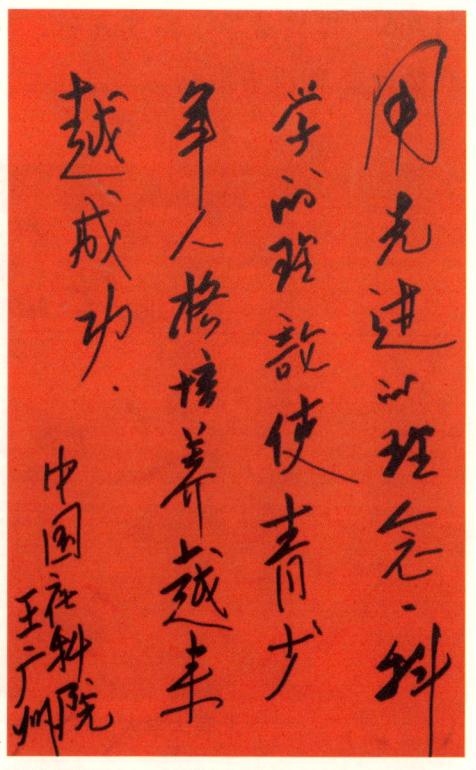

中国社科院人口与劳动经济研究所研究员王广州

序言
Foreword

人生的价值，可用两个词来代表，一是幸福，二是优秀。优秀，就是人之为人的精神禀赋发育良好，成为人性意义上的真正的人。幸福，最重要的成分也是精神上的享受，因而是以优秀为前提的，二者皆取决于人的健康成长和全面发展。而人的健康成长和全面发展，则有赖于健康人格的培养。

生活赋予我们巨大和无比高贵的礼品，就是青春。青春充满着力量，充满着期待和梦想，充满着求知和斗争，充满着希望和信心。但是，稚嫩的脸，常常被忧伤笼罩，年轻而明亮的眼睛，不时掠过一丝丝茫然。青春的心，亟须爱的陪伴和引领。

我校自2012年开始实施健康人格培养工程，旨在遵循学生的身心发展规律，创设良好的人文环境，唤醒学生内在成长的动力，让快乐和爱的能量自然流淌。

我校是娄底市第一个开设"心理健康"专门课程的学校。围绕学生健康人格的维护、学生心理行为问题的矫正、学生心理潜能和创造力开发这三个方面，我们开展了一系列活动：心理测量、行为干预、情绪管理、潜能激发、催眠治疗、沙盘疗法、绘画分析、音乐放松、团体辅导和个案咨询以及大规模的野外拓展活动等，构建家庭、学校、社会和个体四位一体的立体培养平台，为学生的健康成长提供全方位的支持。

在长期的教育教学实践中,我们总结出了心育工作流程,探索出了独有的"1366"工作模式:建立一支专业的青少年健康人格工程工作队伍,办好家长、老师、学生三个课堂,推广六项技术,开展六项活动。这一模式作为先进经验在全国推广,先后有中央电视台、中国网、人民网、新华网、国家体育总局网、湖南省人民政府网、湖南卫视、湖南经视、湖南红网、娄底市人民政府网等100多家媒体报道,在全国产生了良好的辐射效应。

实事求是,修业至真;博闻强识而让,敦善行而不怠;明德弘毅,塑学生健康人格;见贤思齐,见智思学,见美思从,促师生卓越发展,创和乐和美校园。娄底四中充分发挥湖南省心理健康教育特色学校的示范作用,擎素质教育大旗,让核心素养在校园落地开花。本书所有篇章均来自师生的创作和践行。同时,本书也是学校省级课题"社会转型背景下中学生健康人格培养研究""中小学校园暴力的心理原因及预防对策研究"和"城区非示范性高中社会责任感养成教育"的成果展示,是湖南省谢平英心理健康名师工作室和娄底市谢平英初中心理健康名师工作室的成果展示。

如阵阵春风,吹开学生心扉;似汩汩清泉,滋润学生心田;像缕缕阳光,照亮前行梦想……教育是心灵与心灵的沟通,教育是生命与生命的对话,教育是思维与思维的碰撞,教育是智慧与智慧的启迪。

健康人格培养,让教育回归本真,为师生实现人生价值奠定基础。

不安于小成,然后足以成大器。

是为序。

娄底市第四中学校长

2019 年 10 月

目录 Contents

教师作品

响号召，铸品牌	周宇文	/2
大发展，书香远	李永福	/3
如春风，润心田	胡志英	/4
身心健，勇向前	谢平英	/5
欲有成，必苦练	银向锋	/6
健人格，吐芬芳	王祖生	/7
勤学早，雕璞玉	朱超莉	/8
励志三字文	彭 忠	/9
立远志，敏好学	舒建荣	/10
人之勤，学为专	谢大捷	/11
天行健，应自强	刘小菊	/12
少年强，中国强	吴红梅	/13
悟人生，乐悠悠	邬红清	/14
身心健，乐逍遥	宋淑芬	/15
壮志怀，逸兴飞	黄 芳	/16
爱他人，爱自己	邓春燕	/17
重安全，讲规则	刘晓辉	/18
培美德，修爱心	王 琼	/19

敢担当，多实践	梁三桂	/20
树理想，正三观	毛金日	/21
学生成长篇	柳朝阳	/22

学生作品

一、明德篇（健康人格）

立志向，成大器	高129班 肖乐华	/24
勤学·多思	初148班 李静怡	/25
德智兼，方有成	高129班 邹展达	/26
树理想，正三观	初133班 严思雨	/27
爱他人，爱自己	初138班 邓博雅	/28
强意志，善适应	初139班 肖博巧	/29
强毅力，健人格	初122班 谭周倩	/30
致青春，塑自我	高150班 康嘉伟	/31
正能量，调身心	高143班 刘 蓉	/32
正能量，调身心	高143班 欧阳白雪	/33
校园美	初140班 李 哲	/34
调身心，阔胸怀	高131班 吴略波	/35

二、笃行篇（行为规范）

讲文明，守公德	初136班 张鑫林	/36
重安全，明行为	初142班 刘江锦	/37
尽责任，展翅飞	初144班 刘艳明	/38
能承重，方成事	初144班 黄 倩	/39

三、求实篇（学习立志）

惜时勤学篇	初145班 邓婵妮	/40
时无痕，勤学韵	高153班 吴全莉	/41

会学习，好探究	高141班　胡昊文鑫	/42
前行路，放胆闯	初150班　曾凡琼	/43
树目标，育优绩	高140班　曾金美	/44
攀高峰，展宏图	高140班　赵恒峰	/45
冒风雨，砥砺行	高131班　尹诺晨	/46
惜时·自强篇	初132班　刘湘茹	/47
不畏难，勇攀登	初132班　刘嘉怡	/48
不畏难，勇攀登	初148班　李诗音	/49
不畏难，勇攀登	初148班　刘　阳	/50

四、和美篇（成果发展）

如春风，润心田	初149班　彭　琪	/51
校风正，学风浓	高158班　李　军	/52
校风正，学风浓	初150班　谢思伊	/53
大发展，书香远	高144班　彭俊莹	/54
大发展，书香远	初136班　龙　丹	/55
美四中，正赶超	初136班　童　畅	/56

相关活动

一、活动图文

从心出发，那么丰盈而美好		
——娄底教育大讲堂"心理健康教育专题活动"	胡志英　谢平英	/58
名师进社区，心育助创文		
——湖南省谢平英名师工作室研修活动	刘似惠　胡志英	/60
娄底四中举行谢平英初中心理健康名师工作室		
"正面管教"主题研修活动	胡志英　谢平英	/62
娄底四中承办娄星区"我和我的祖国"诗歌朗诵会		
	胡志英　银向锋　曾丽莉	/64

国学传承文明　经典浸润校园	曾莉丽	胡志英	银向锋 /66
缅怀革命先辈　爱护绿水青山		银向锋	胡志英 /68
与康复医院联谊28年弦歌不辍		银向锋	胡志英 /70
爱心义卖看行动　雷锋精神满校园	曾莉丽	银向锋	胡志英 /72

娄底四中举行高三学子成人礼：
　　勇于追梦，奋斗的青春最美丽　　银向峰　胡志英　曾莉丽　/74

刘嘉铭喜获"新时代湖南好少年"荣誉称号
　　　　　　　　　　　　　　　　银向锋　胡志英　周伟鹏　/76

承接国培项目，开展乡村寄宿制学校班主任集中培训
　　　　　　　　　　　　　　　　　　　　胡志英　银向锋　/78

雏菊花支教团走进石井中学	胡志英	银向锋 /80

娄底四中团队赴京出席北京雏菊花公益基金会成立大会
　　　　　　　　　　　　　　　　　　　　银向锋　胡志英　/82

娄底二中校长李永福获"大国良师"荣誉称号	胡志英	银向锋 /84
娄底四中600余名高三师生赴韶山开展系列活动	银向锋	胡志英 /86
娄底四中：用爱与留守儿童共成长	银向锋	胡志英 /90
娄底四中：注重师资培训常年充电成常态	银向锋	胡志英 /92
省区市专家到娄底四中调研健康人格工作	银向锋	胡志英 /94

追寻伟人足迹　弘扬壮志豪情
　　——娄底四中健康人格培养活动走进伟人故里　银向锋　胡志英　/96

健康人格教育被中央电视台专题报道	银向锋	胡志英 /98
探寻快乐高考新途径	银向锋	胡志英 /100
心理委员培训成常态	银向锋	胡志英 /102

体验军旅生活　培育健康人格
　　——娄底四中300余名师生走进军营开展拓展训练
　　　　　　　　　　　　　　　　　　　　银向锋　胡志英　/104

挑战自我　熔炼团队
　　——娄底四中青少年健康人格培养暨野外拓展训练活动收实效
　　　　　　　　　　　　　　　　　　　　　　　　银向锋　/106

雷锋1号青少年健康人格教育座谈会	胡志英	银向锋 /108
白鹭山庄拓展活动	郭国权　银向锋	胡志英 /109

二、活动心得体会

齐家治国
　　——观《家风》有感　　　　　　　　　　高132班　陈　轲　　/111

家风蔚然，国风浩荡
　　——观《家风》有感　　　　　　　　　　高133班　李昱佳　　/113

缘起　铁血
　　——赴中国人民解放军驻娄某部队拓展活动有感　高118班　刘逸妍　　/115

记一次难忘的旅行
　　——赴中国人民解放军驻娄某部队拓展活动有感　高129班　曾　贵　　/117

军魂一缕
　　——赴中国人民解放军驻娄某部队拓展活动有感　高106班　曾　毅　　/119

参加野外拓展训练有感
　　——赴中国人民解放军驻娄某部队拓展活动有感　初108班　邹　昊　　/120

一路向前
　　——有感于部队之行　　　　　　　　　　高106班　李　樱　　/122

潜能训练，我喜欢
　　——记白鹭山庄野外拓展训练　　　　　　初90班　李淑颐　　/124

心灵旅途
　　——记一次心理辅导　　　　　　　　　　初90班　肖昱嘉　　/127

感动之旅
　　——赴娄底市康复医院"学雷锋、献爱心"有感　高24班　邓　优　　/129

让心灵如花绽放
　　——心理委员培训有感　　　　　　　　　初146班　王　哲　　/131

爱心飞扬
　　——记爱心义卖活动　　　　　　　　　　初161班　陈一鸣　　/133

名师工作室

谢平英工作室，向美好教育快乐前行——湖南省谢平英心理健康
网络名师工作室与娄底市谢平英初中心理健康名师工作室小记
　　　　　　　　　　　　　　　　　　　　谢平英　胡志英　/136

成果公报

"社会转型背景下中学生健康人格培养研究"成果公报
　　　　　　　　　　　　　　　　　　　　谢平英　胡志英　/156

德育案例

专业与爱，让生命绽放异彩
　　——娄底四中健康人格培养纪实　　谢平英　李永福　曾亦农　/166

心育论文

心理健康教育特色在校园文化建设中的有机渗透　　　　周宇文　/172
野外拓展训练是开展青少年心理健康教育的有效途径
　　——以娄底四中为例　　　　　　　　　李永福　谢平英　/178
立足健康人格培养特色，开发心育校本课程　　　　　　胡志英　/184
挖掘思政课程优势　推动学生健康发展　　　　银向锋　肖梅滨　/189

教师作品

响号召，铸品牌

周宇文（娄底四中校长）

党中央，谋略长，
健人格，立志向。
大湖南，有担当，
我四中，心激荡。

响号召，多奔忙，
铸品牌，为理想。
艺体兴，运动场，
人格健，书声琅。

信念坚，忠于党，
抓教育，排难上。
献青春，勇敢闯，
中国梦，幸福长！

大发展，书香远

李永福（娄底二中校长）

重教育，定思路，
抓建设，改校貌。
立校训，育英才，
为学校，树形象。

齐努力，抓共管，
部门间，多沟通。
当领导，先垂范，
讲文明，促共建。

德为上，智为高，
体为本，风华茂。

提质量，乐教研，
强素质，是目标。

慎褒贬，善恶分，
两分法，辨是非。

弘毅者，功必成，
志开创，业必兴。

塑人格，促发展，
创特色，圆梦想。

大发展，书香远，
筑和谐，谋明天。

如春风，润心田

胡志英

师之本，德为重，
明于心，施于行。
尚师德，讲修养，
芝兰馨，玉冰清。

道有成，德不孤，
讲道德，须自强。
重心育，爱学生，
如春风，润心田。

观其末，察其微，
循循诱，谆谆诲。
晓以理，动以情，
意拳拳，情浓浓。

敬其业，精而专，
治其学，谨而严。
教有法，导有方，
乐奉献，当人梯。

身心健，勇向前

谢平英

五部委，合下文。人格健，塑灵魂。
规行为，学风熏。目标好，蓝图奔。

先试点，娄底市。我学校，成基地。
创条件，大手笔。人心齐，泰山移。

一队伍，三课堂。六技术，六活动。
平台搭，流程畅。师生乐，笑声扬。

大自然，多浏览。红基地，常参观。
橘子洲，岳麓山。绿军营，亲体验。

看板报，听讲座。做辅导，除疑惑。
分享会，谈感受。写心得，喜丰收。

广维护，重矫正。乐开发，挖潜能。
师生心，如碧澄。好人格，初养成。

多参赛，论文雄。做课题，硕果丰。
勇追求，有信仰。工作室，成榜样。

大专家，诸领导。莅四中，评价高。
中央台，专播报。众媒体，争发稿。

八春秋，心不忘。勤探索，不彷徨。
成特色，仍追梦。更前行，创辉煌。

欲有成，必苦练

银向锋

好少年，志为先，欲有成，必苦练。
信念明，身心健，品行好，德才兼。

昔韦编，历三绝，文中义，乃自现。
今诸贤，重实践，行万里，美名传。

天初亮，即起床，别懒惰，耗时光。
路途上，别贪玩，早到校，书声琅。

课堂间，尊师长，深体悟，细思量。
课后玩，莫推搡，讲安全，有保障。

讲形象，勿化妆，衣整洁，求大方。
乱涂墙，不雅观，惜水电，及时关。

遇家长，问情况，轻声告，细声讲。
有困难，主动帮，齐伸手，正能量。

年少时，学为上，勇吃苦，敢担当。
顶逆风，破巨浪，前行路，放胆闯。

好少年，志为先，寒暑往，毅永坚。
欲有成，必苦练！梦实现，比蜜甜！

健人格，吐芬芳

王祖生

大四中，满园香。
健人格，步铿锵。
好少年，有理想。
美心灵，好风尚。
见老师，视尊长。
遇困难，主动帮。
勤锻炼，身健壮。
爱学习，成绩棒。
守公德，正能量。
重安全，人人讲。
意志坚，绽锋芒。
勇挑战，敢担当。
促特色，艺体强。
苦耕耘，吐芬芳。
石榴开，天空亮。
青健育，闪华光。

勤学早，雕璞玉

朱超莉

求学者，不虚度。
惰寸功，空悲苦。
惜分阴，据鞍读。
精于勤，莫言苦。

效古人，学风骨。
囊萤学，映雪读。
穿铁砚，磨铁杵。
五车书，万卷余。

鸡鸣起，琅琅读。
寝忘食，鞭策弩。
学而思，知不足。
举一隅，反三隅。

知益明，行愈笃。
书山路，道险阻。
学无涯，勤可渡。
天酬勤，成翘楚。

励志三字文

彭 忠

国运昌，倚少年，少年强，志为先。
孔仲尼，绝韦编，通大道，成圣贤。
张海迪，身虽残，勤学习，志亦坚。
夏囊萤，冬映雪，水长滴，石为穿。
持之恒，苦作甘，文武艺，又何难。
看未来，展宏图，为国家，做贡献。
强实力，促发展，兴科技，上九天。
我少年，美翩翩，济沧海，挂云帆！

立远志，敏好学

舒建荣

闻鸡舞，炼筋骨。戴炎阳，履寒露。业贵勤，积有素。日月逝，求道促。少年志，学府慕。

语数外，必深务。文理综，当兼顾。敛容色，正心绪。严师训，日谨笃。休放逸，课后复。

坚基础，无欲速。录错漏，求正鹄。敏问学，毋自足。默存思，深体悟。明辨难，莫遗谷。

广见闻，博名物。游文艺，涵雅趣。重参省，慎出入。交君子，知荣辱。志高远，无旁骛。

学之旅，起跬步。困心虑，而终喻。百斯举，乃卒固。勉而行，无畏苦。反复道，成玉汝。

人之勤，学为专

谢大捷

人之勤，学为专。
先是苦，后是甘。
德淑贤，不言弃。
求上进，前途宽。
交际良，朋友欢。
乐友善，身心安。
邪不压，恶延蔓。
讲文明，气凛然。

天行健，应自强

刘小菊

（一）立志
男儿志，当高远。
画蓝图，必构建。

（二）强体
九层塔，立云颠。
体质魄，当常练。

（三）修身
学之法，贵积淀。
静修身，俭养贤。

（四）总结
誓发奋，聚能量。
浩气扬，成栋梁。

少年强，中国强

吴红梅

青少年，志高远。
风华茂，德才兼。
学习勤，术业专。
欲有成，苦中练。
多反省，善思辨。
明是非，有主见。
扬正气，责任担。
好风尚，代代传。
当自强，求发展。
中国梦，谱新篇。

悟人生，乐悠悠

邬红清

人在世，几十年，
年少时，树理想，
要励志，贵发奋。
年长后，有梦想，
为事业，乐奉献。
勤锻炼，身体健。
长知足，心安然，
甘淡泊，乐无边。

广交友，德为先，
和邻里，解人难。
烦恼事，抛云端，
莫争吵，忍为先。
无贪欲，心胸宽，
家和睦，万事圆，
有大爱，幸福长！

身心健，乐逍遥

宋淑芬

强体魄，为首要。
常跑跑，多跳跳。
身体棒，烦恼少。
精气神，助学高。
少年时，意气骄。
有冲动，停十秒。
遇矛盾，多思考。
三千年，子有教。
贵以和，要记牢。
胸怀阔，事理晓。
品德贤，伙伴找。
能助人，大家好。
身心健，乐逍遥。

壮志怀，逸兴飞

黄 芳

哀莫大，是心死，
愁莫大，是无志。
无理想，人空虚，
失志向，力竭枯。

昔孟德，虽垂暮，
志千里，心犹壮。
今吾辈，恰少年，
有渴望，心倔强。

看神州，心澎湃，
新天宫，建云外。
铁蛟龙，潜深海，
丝绸路，连未来。

民族兴，家国荣，
大道远，责任重。
青年人，具才能，
当志远，共筑梦。

有了梦，勇追求，
坐等成，太荒谬。
勤实干，把汗流，
志未酬，誓不休。

燕雀鄙，戏蓬蒿，
鸿鹄志，在天高。
理想灯，前路照，
豪情壮，入云霄。

爱他人，爱自己

邓春燕

万物生，阳光照。
爱相随，多美好。
心地宽，福来到。
生活中，多用脑。
常运动，学到老。
念亲恩，孝心报。
帮朋友，兴致高。
为恋人，爱心煲。
育子女，少依靠。
一辈子，乐陶陶。

重安全，讲规则

刘晓辉

重安全，刻心田。　　　讲规则，事理明。
知生命，大于天。　　　遵秩序，和谐行。
用水火，行勿偏。　　　守诚信，品德馨。
电老虎，高压连。　　　言行鄙，众所轻。
出行游，忧患先。　　　树正气，校风清。

刘晓辉老师和学生在一起

培美德，修爱心

王 琼

爱自己，勤锻炼。
多运动，强体魄。
均膳食，气平和。
修心性，养品德。
爱他人，多关怀。
常微笑，乐助人。
遇困难，共担当。
有快乐，同分享。
爱自己，爱他人。
友爱路，和谐园。

敢担当，多实践

梁三桂

少年兴，国运昌。
知行合，勇担当。
科学峰，肯登攀。
做实验，放胆想。
走出去，闯一闯。
勤服务，意识强。
纸上知，终觉浅。
实践来，恒久香。
天下平，来日长。
笃行之，致远方。

树理想，正三观

毛金日

确目标，树理想，
求真理，执信念。
展抱负，塑灵魂，
重品行，意志坚。
如雄鹰，击长空，
兴四中，做栋梁！
老百姓，有信仰，
全民族，有希望。
中国梦，靠你我，
少年强，国必强。

学生成长篇

柳朝阳

少年人　初长成
褪稚气，显英豪。
世界广，并肩闯。
正三观，扬正气。
携理想，遨九州。

梦为马，志为鞭。
乘长风，破层浪。
莫贪欢，跃龙门。
你我他，抵彼岸。

学生作品

一、明德篇(健康人格)

立志向，成大器

高129班　肖乐华

始入校，志未立。
龙山行，山路崎。
奋登攀，磨毅力。
健康路，受启迪。
心性定，志向立。
严师训，方法习。
有智慧，巧解题。
学有恒，贵专一。
遨学海，尽心力。
有志者，必成器。

（指导老师：王　琼）

勤学·多思

初148班 李静怡

玉不琢，不成器。
人不学，懒成习。
做作业，不抄袭。
遇难题，不自弃。
细审题，勤梳理。
刻苦学，认真记。
慎交游，少嬉戏。
今日事，今日毕。

（指导老师：刘 婷）

德智兼，方有成

高129班 邹展达

少有梦，好读书。
勤为径，苦作舟。
长知识，增智慧。
辨真伪，明是非。
树理想，正三观。
常自励，修品行。
德为先，智乃成。
精于勤，行博学。
久磨剑，斩苍穹。
展大志，达辉煌。

（指导老师：王　琼）

树理想，正三观

初133班 严思雨

人之初，本虽善，
善品行，在教养。
年少时，擅模仿，
善与恶，都易学。
中学生，叛逆期，
若放纵，矫正难。
故从小，须明理，
辨善恶，正三观。

（指导老师：毛金日）

爱他人，爱自己

初138班　邓博雅

世间事，难如意。
烦恼时，不抱怨。
爱生活，乐无边。
善自爱，不犯贱。
惜生命，常锻炼。
对父母，孝为先。
老师话，记心田。
信朋友，不欺骗。
在社会，多奉献。
长大后，把功建。

（指导老师：邓春燕）

强意志，善适应

初139班　肖博巧

中学生，正少年。
有困难，不自信。
遇挫折，意志坚。
跌倒了，勇向前。
明是非，善分辨。
与朋友，常聊天。
父母话，记心田。
告老师，把压减。
烦心事，放两边。
善适应，比蜜甜。

（指导老师：邓春燕）

强毅力，健人格

初122班 谭周倩

经酷暑，百草健。
历岁寒，青松坚。
人生路，有坎坷。
青少年，须磨炼。
追理想，要执着。
求真知，需毅力。
遇困难，不放弃。
敢挑战，美梦圆！

（指导老师：梁雪梅）

致青春，塑自我

高150班 康嘉伟

十七岁，正年少；
虽热血，不足道。

行偏移，须静心；
常自省，真伪辨。

纠痞陋，正风气；
孝亲长，懂礼义。

衣冠整，纠恶习；
品行正，审形迹。

致青春，听仔细；
时间若，驹过隙。

无追求，事难成；
需打拼，才会赢。

人生如，登高山；
半途中，回头看。

尽全力，务珍惜；
为梦想，多努力。

新青年，有志气；
敢作为，创奇迹。

（指导老师：刘蓉芳）

正能量，调身心

高143班 刘 蓉

调身心，在体劳。
爱劳动，品自佼。
人之初，畏路遥。
若勤奋，则惰扫。
少恋床，精神好。
多锻炼，青春葆。
重实践，言不扰。
常自在，乐逍遥。

（指导老师：梁三桂）

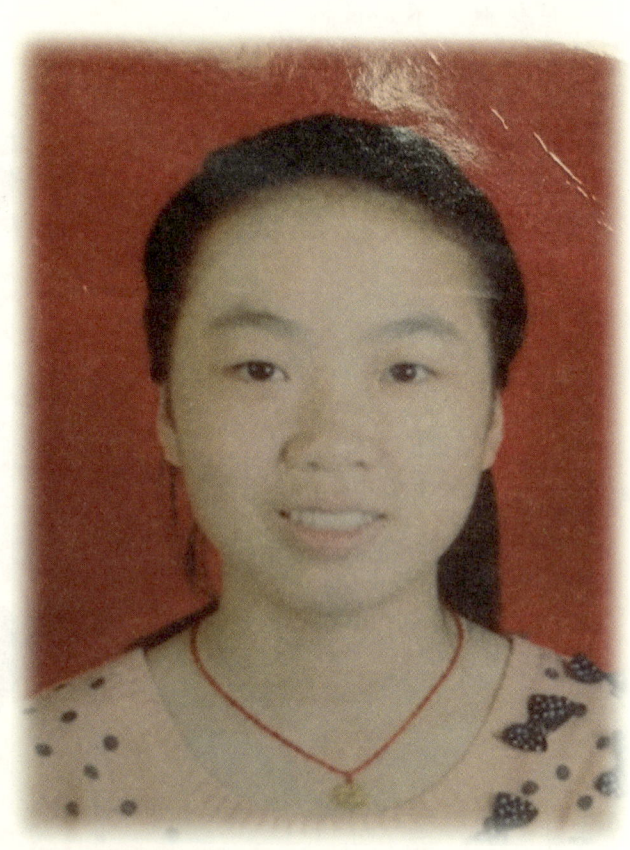

正能量，调身心

高143班 欧阳白雪

学习余，务志修。
齐行动，互监督。
讲礼仪，忌粗鲁。
辨是非，明耳目。
常微笑，身心愉。
阔眼界，在旅途。
登书山，不怕阻。
你我他，皆璞玉。
趁年轻，多尝苦。
勇挑战，才进步。
炼身心，抵风雨。
砺德行，切慎独。

（指导老师：梁三桂）

校园美

初140班 李 哲

桃花盛,花儿娇,
校容整,学风好。

庭园洁,常打扫,
书香浓,争赶超。

文体艺,齐发展。
培人格,风尚高。

我校园,无限美,
创名校,看今朝。

(指导老师:谢平英)

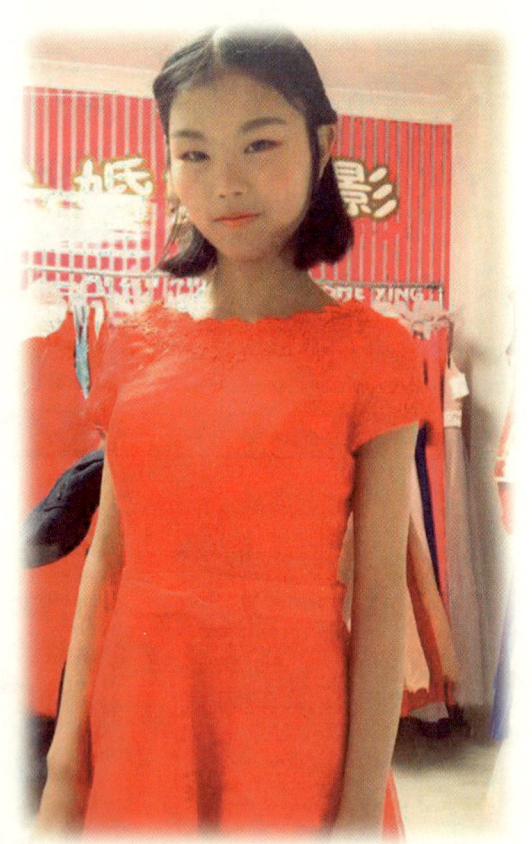

调身心，阔胸怀

高131班 吴略波

愁眉锁，乌云聚。
意消沉，天地晦。

事烦琐，心苦闷，
须学会，调心身。

劳苦累，看轻点。
名利事，看淡点。

有冲突，止怒气，
遇斥责，要省己。

真善美，入眼眸，
心怀阔，逍遥游。

（指导老师：黄 芳）

二、笃行篇(行为规范)

讲文明，守公德

初136班　张鑫林

文明花，红满天。
美环境，多舒闲。
见老师，嘴真甜。
见长辈，笑盈脸。
过马路，斑马线。
遇红灯，不往前。
守公德，心不欠。
坏习惯，永不践。
天蓝蓝，爱绵绵。
如细雨，润心田。

（指导老师：王祖生）

重安全，明行为

初142班　刘江锦

（一）
重安全，守规矩。
过马路，两边瞅。
红灯停，心不急。
绿灯时，快快走。
（二）
讲文明，懂礼貌。
公共场，莫喧闹。
不乱丢，不吐痰。
爱环境，大家欢。
（三）
学校里，明要求，
上课时，请安静。
不明白，举手问，
放学时，把家回。
（四）
好行为，好习惯，
有爱心，有品德。
我要学，你也来，
少年美，人人夸。

（指导老师：吴桃兰）

尽责任，展翅飞

初144班　刘艳明

学求精，贵专一。
尽己任，担道义。
成功者，自坚持。
执着者，创奇迹。
青少年，讲理义。
敢担当，有实力。
青云上，鹏展翼。

（指导老师：罗　律）

能承重，方成事

初144班 黄 倩

青少年，早立志，
好求学，有出息，
立长志，人爱惜，
活学用，重实际，
事要成，尽全力，
勤奋者，人皆喜，
做错事，莫要急，
亡补牢，不晚矣，
敢承担，不逃避，
真君子，立天地。

(指导老师：罗 律)

三、求实篇(学习立志)

惜时勤学篇

初145班　邓婵妮

人之春，在少年。
光阴迫，惜时间。
生有涯，知无限。
苦攻读，莫偷安。
求学路，曲弯弯。
志不渝，永向前。
大海阔，踏浪尖。
高山险，勇登攀。
温而厉，恭而安。
铁可磨，石可穿。
攻心克，胜必谦。

(指导老师：伍若华)

时无痕，勤学韵

高153班 吴全莉

人之春，在少年。
莫消遣，时似箭。
惜秒阴，海可填。
书若弃，学识浅。
览五车，遨海瀚。
常识多，踏遍山。
思维跃，亦登巅。
知无涯，勤是岸。
韦三绝，铁砚穿。
经恒磨，愈至善。

（指导老师：朱超莉）

会学习，好探究

高141班　胡昊文鑫

早预习，有诀窍。做笔记，写卡片。
弱科先，安排巧。有疑问，多动脑。
思不明，做记号。勤发问，会明了。
细听课，很重要。书展开，笔握牢。
不分神，心要到。眼看清，耳听好。
精神爽，不说笑。乐交流，多探讨。
做作业，多读题。细思考，格式对。
字工整，质量高。基础题，要做到。
思考题，方法对。要准确，先草稿。
多检查，复对照。不抄袭，及时交。
日小结，很重要。梳笔记，理草稿。
重点处，要抓牢。难点处，细消化。
知识点，要记牢。多积累，多运用。

（指导老师：胡志英）

前行路，放胆闯

初150班 曾凡琼

年少时，学为上，
勇吃苦，敢担当。

顶逆风，破巨浪，
万仞冈，誓登上。

前行路，放胆闯，
不畏艰，创辉煌！

（指导老师：银向锋）

树目标，育优绩

高140班　曾金羡

遇挂科，勿气馁。
有难事，敞心扉。
数理难，题加倍。
文综难，纯靠背。
知识多，分好类。
勤学问，好运随。
不怕苦，不怕累。
处中游，拼命追。
得成效，幸福泪。

（指导老师：周伟文）

攀高峰，展宏图

高140班　赵恒峰

千仞山，敢攀登。
万丈渊，不怕险。
跋高山，涉险水。
胜不骄，败不馁。
乘逆风，破巨浪。
顺不怠，逆不怯。
青少年，当有志。
有志者，当奋翅。
学有成，是小愿。
兴中国，为大志。

（指导老师：周伟文）

冒风雨，砥砺行

高131班 尹诺晨

求学路，多崎岖，
为理想，轻言苦。
磨心志，强筋骨，
精神振，士气足。

迎风松，身姿挺，
傲雪梅，香益清。
有毅力，兼自信，
纵磨击，还坚劲。

持以恒，书山屹，
勤且坚，学海济。
力不尽，志不息，
自强者，天不欺。

不畏难，川冰融，
不惧险，山雪消。
意强韧，志坚定，
疑虑解，笃前行。

（指导老师：黄 芳）

惜时·自强篇

初132班　刘湘茹

春日暖，秋水长。
和风吹，百花香。
青少年，有理想。
天行健，人自强。
学司马，惜时光。
成大器，兴我邦。
人之春，少年郎。
白荒废，太荒唐。
生有涯，知曷长。
苦攻读，国栋梁。

（指导老师：肖雄飞）

不畏难，勇攀登

初132班　刘嘉怡

人生路，如登山，
起步易，坚持难。
逢荆棘，必当斩，
崎岖段，慢转弯，
陡峭壁，努力攀。
互扶持，把手挽，
多合作，保平安。
达峰顶，放眼看，
鸟语欢，山花漫，
精神爽，意犹酣。

（指导老师：肖雄飞）

不畏难，勇攀登

初148班 李诗音

人意志，贵坚定。
学顺精，专则成。
惜青春，不误事。
怯则退，勇则进。
不涉险，怎能成？
闯火海，过刀锋。
不低头，不气馁。
不畏难，勇攀登。

（指导老师：刘 婷）

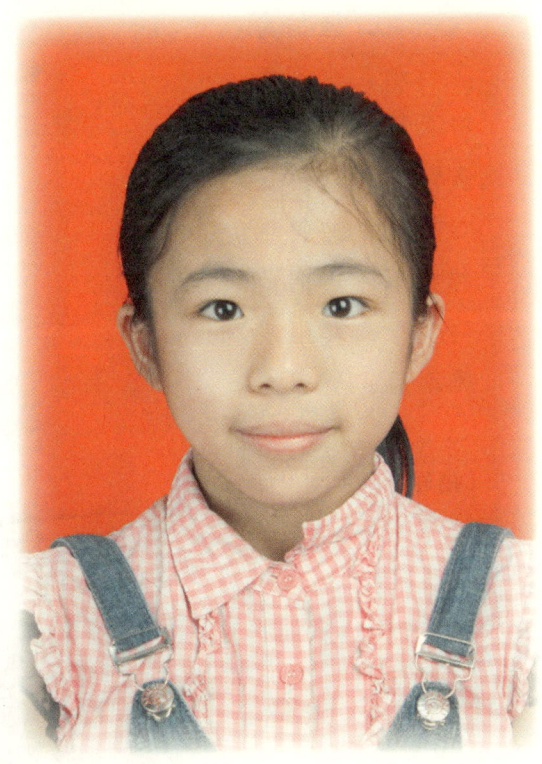

不畏难，勇攀登

初148班 刘 阳

人一世，坚信念。
多行动，少抱怨。
讲真理，学圣贤。
多读书，气自显。
心放宽，勿畏难。
勿堕落，勇向前。
莫灰心，莫沮丧。
风雨后，笑容绽。

（指导老师：刘 婷）

四、和美篇(成果发展)

如春风，润心田

初149班 彭琪

人之体，健为先
身不健，事难全
心不健，梦难圆
做善事，润心田
不图名，不为钱
人生路，平亦险
恒如一，劲冲天

（指导老师：刘 婷）

学生作品

校风正，学风浓

高158班 李 军

上下学，校服穿。
衣冠正，好少年。
讲文明，懂礼貌。
见老师，问声好。
与同学，相处好。
有垃圾，不乱扔。
见垃圾，弯弯腰。
校园净，舒心怀。
知识面，要拓展。
勤苦读，熟钻研。
齐努力，奔前程。
学风浓，硕果累。

（指导老师：刘爱香）

校风正，学风浓

初150班　谢思伊

苍穹高，林木翠，
书声起，歌声扬。
旅途远，学海阔，
勤登攀，乐徜徉。
意厚德，志笃学，
心淡泊，毅恒刚。
抱负远，志向大，
善思考，铸辉煌。

（指导老师：付倩宇）

大发展，书香远

高144班　彭俊莹

人健康，最重要。
勤运动，跳得高。
没朝气，悲剧了。
人格好，有伴找。
能助人，大家好。
遇烦恼，心态调。
有冲动，停十秒。
见不平，多思考。
三观正，乐逍遥。

（指导老师：宋淑芬）

大发展，书香远

初136班 龙 丹

我四中，变化快。
布局巧，谁不夸。
大手笔，妙规划。
健人格，顶呱呱。
爱活动，学习欢。
美心灵，如鲜花。
书香远，名校跨。
大发展，震中华。

（指导老师：王祖生）

美四中，正赶超

初136班 童 畅

昔学校，环境差。
一下雨，黄泥巴。
校领导，校为家。
抓硬件，搞绿化。
校足球，棒棒哒。
健人格，人人赞。
美少年，笑哈哈。
品行端，不拖沓。
意志坚，学业佳。
美四中，正后发。

（指导老师：王祖生）

相关活动

一、活动图文

从心出发，那么丰盈而美好
——娄底教育大讲堂"心理健康教育专题活动"

胡志英　谢平英

为了促进娄底市心理健康教育的发展，进一步发挥娄底市谢平英初中心理健康名师工作室的示范、引领和辐射作用，娄底市师资培训中心于2019年12月13日在娄底一小举办教育大讲堂"心理健康教育专题"活动，来自市直和心育名师工作室的300多名教师参加了培训。本次研修活动中的讲座、示范课均由娄底市谢平英初中心理健康名师工作室选送。

娄底市师资培训中心毛新琼老师
主持心育专题活动

娄底市师培中心邹兆林书记讲话

贺国平做正面管教讲座，老师体验互动

精英教师培养对象杨瑰上绘本
示范课《喜怒哀惧》

国家二级咨询师阳志明上
示范课《遇见未来》

中国卫生心理协会会员谢小红指导
听课老师做《抓住爱爱》热身活动

心理学硕士李丽做咨询技术应用讲座

正高级教师谢平英做总结：
《从心出发，丰盈且美好》

名师进社区，心育助创文
——湖南省谢平英名师工作室研修活动

刘似惠　胡志英

2019年11月1日，湖南省谢平英心理健康教育名师工作室走进娄星区乐坪街道街心社区，开展以"正面管教"为主题的家庭教育研修活动。娄底市教科所、娄底市师训中心、娄星区教育局、街心社区等相关领导莅临现场，社区家长及心育爱好者近100人参加。

活动合影

贺国平老师主讲《正面管教》，湖南省特级教师肖少和、娄星区副局长唐固莅临指导

国家二级心理咨询师、家庭教育指导师谢小红老师讲《情绪能量与家庭建设》

名师工作室优秀老师吴攀主讲《心中有天使，生命便能欣欣向荣》

组织本次家庭教育讲座的主要成员合影

娄底四中举行谢平英初中心理健康名师工作室"正面管教"主题研修活动

胡志英　谢平英

正面管教，和善与坚定同行。2019年10月31日，谢平英初中心理健康名师工作室"正面管教"主题研修活动在娄底四中举行。娄底市师资培训中心、娄星区教育局等相关领导莅临会场，来自全市各中小学的100余名心育教师与会。

参加谢平英初中心理健康名师工作室"正面管教"主题研修活动老师合影

湖南省作协会员胡志英老师分享教师专业成长之路

"全国最美校长"吴小林带来精彩的示范课《我的梦想》

名师工作室李小平老师上示范课《学会赞美别人》

娄底四中承办娄星区"我和我的祖国"诗歌朗诵会

胡志英　银向锋　曾丽莉

每一片落叶都谱写着响亮的音符，每一缕秋风都送来浓浓的诗意。那些催我们奋发前行的诗篇，在岁月的流逝中，犹如一股美妙的清泉，时时荡涤我们的心灵。

2019年10月22日，四中师生与娄星区文联、区作家协会、区演讲艺术家协会诸位领导欢聚一堂，举办"我和我的祖国"大型诗文朗诵会，共同庆祝我们伟大祖国的70岁生日。

近年来，娄底四中按照"扎实推进素质教育，全力打造学校特色"的发展思路，各项工作不断迈上新的台阶。"文化强校"是娄底四中的一个核心的办学理念，举办这次朗诵会有两个目的：一是提高同学们的阅读能力和朗诵技巧，增强同学们的文学素养，建设书香校园、和谐校园。二是鼓励全体同学珍惜大好年华，为践行中国梦而努力奋斗。

"我和我的祖国"诗歌朗诵会合影

朗诵会现场一

朗诵会现场二

国学传承文明　　经典浸润校园

曾莉丽　　胡志英　　银向锋

一首诗，传承千年文化，一篇文，照亮成长之路。2019年4月22日下午，娄底四中以第24个"世界读书日"为契机，在学校体育馆举行"国学传承文明　经典浸润校园"娄底四中首届国学经典诵读大赛。

此次参赛的为初一年级13个班。同学们采用诵读、吟唱、歌舞、小话剧、伴奏表演等丰富多彩的形式，把《论语》《千字文》《长歌行》《春江花月夜》等经典演绎得精彩纷呈，声情并茂的表演令师生仿佛置身于经典诗文的海洋。初163班的《时间是什么》、初168班的《长歌浩叹吟古今》等7个节目获得一等奖，聂奇凤等5位老师获得"优秀指导老师"奖。活动让师生们感受到国学经典的魅力，是娄底四中素质教育成果的一次成功展示。

诵读现场一

据悉，娄底四中秉承"立德树人"教育理念，将经典诵读活动与学校综合实

诵读现场二

践活动、校园文化建设等工作相结合，让学生们在祖国优秀传统文化的滋养中，树立正确的世界观、人生观和价值观。接下来，学校还将利用各种途径营造书香校园氛围，弘扬民族文化精髓，促进学生健康成长。

诵读现场三

缅怀革命先辈　爱护绿水青山

银向锋　胡志英

2019年3月29日下午，娄底四中组织师生代表200余人到珠山公园、孙水河公园开展"缅怀革命先辈，爱护绿水青山"主题活动，为志愿服务助力，为党建活动添彩。

中午1点半，来自娄底四中的党员干部、青年教师、学生志愿者、团委会干部、家长代表、班主任代表，以及来自区教育局、团区委、区创文办、珠山公园管理处、娄底贤母文化研究院等单位的领导和相关负责人，怀着崇敬的心情在珠山公园东门列队。娄底四中时任校长李永福、团区委书记李耀、娄底贤母文化研究院会长刘莉华先后致辞，表达了对革命先辈的缅怀、对国之贤母的崇敬，使参与者坚定了更好地守护绿水青山、建设温馨家园的决心。

在珠山公园，学校师生开展了红歌校歌联唱、国学经典朗诵、贤母文化宣讲、

拜祭国之贤母

植树

拜祭国之贤母、重温入党誓词、栽植爱心树林等系列活动。时任校长李永福率领在场党员重温入党誓词。在班主任李小君的带领下，高180班全体学生和不少家长积极参与，为弘扬贤母文化、传承红色基因、打造绿色娄星加油助力。

随后，师生们又来到孙水河旁，为娄底四中捐赠的环境宣传标识揭牌，时任校长李永福给学生志愿者现场签发证书。随后，又举行了环保知识抢答和"学习强国"知识抢答竞赛，让"绿水青山就是金山银山"的理念更加深入人心。

据悉，娄底四中近年来开展了多样化的师生活动，不断提高党员干部引领力、教师队伍凝聚力、学校团委向心力、志愿群体号召力，多次荣获娄底市先进基层党组织、德育工作先进单位、五四红旗团委、志愿服务先进集体等荣誉称号。

争做环境卫士，爱护母亲河

与康复医院联谊 28 年弦歌不辍

银向锋　胡志英

2019 年 3 月 20 日，娄底四中组织师生志愿者、团委干部等 130 余人来到康复医院，举行了"娄底四中雷锋家乡学雷锋实践基地"揭牌仪式，并开展献爱心真情慰问 28 周年活动。

在康复医院门诊楼外，学校和康复医院的领导一起，为"娄底四中雷锋家乡学雷锋实践基地"揭牌。双方领导回顾了 28 年来的携手共进，高度肯定了弦歌不辍、薪火相传、争当雷锋精神追梦人的可贵坚持。

接下来，志愿者和医护人员一起，举行了别开生面的联欢活动。在开场朗诵《雷锋之歌》后，舞蹈、小组唱、独唱、武术表演、笛子独奏、合唱、广场舞等接连登场。其间还穿插有互动节目《鸿运当头》《快乐传送》，现场气氛融洽，温情在人们心底涌动。

随后，志愿者们还向病人和医务人员捐赠物品，进行慰问，并帮忙打扫

活动合影

卫生，增强了同学们的人文关怀精神和社会责任感。

据悉，娄底四中历来重视学生的心理健康教育工作，其学生德育活动多次获市、区表彰，先后两次荣获"湖南省雷锋家乡学雷锋先进单位"。

联谊合影

揭牌

爱心义卖看行动　雷锋精神满校园

曾莉丽　银向锋　胡志英

2019年3月15日下午，娄底四中组织举行了以"爱心义卖看行动，雷锋精神满校园"为主题的爱心义卖暨主题党日活动，得到了全体师生的大力支持，取得了较好的效果。

下午四点，参加义卖的班级到达田径场，在总支书记刘蒲南简短而充满激情的讲话后，各班开始布置自己别具特色的爱心小摊位。义卖过程中，吆喝声、叫卖声、讨价还价声不绝于耳，田径场内人头攒动，爱心商品琳琅满目，义卖推销各显身手，浓郁爱心温暖校园。

在现场，刘蒲南书记、周宇文校长、曾亦农副校长带头参与义卖活动。时任校长李永福因为开政协会议请不到假，也请团委曾恕书记代购了不少物品。一时间，党员、教师、家长、学生纷纷慷慨解囊，贡献自己的爱心。

在现场，很多同学尽管因为大声吆喝而导致声音沙哑，但脸上却洋溢着快乐自豪的笑容！还有一些老师带着孩子过来，让孩子融入其中，接受义卖活动带给他们的爱的教育。

爱心义卖现场一

爱心义卖现场二

爱心义卖现场三

高172班团支书李景萍同学说:"在此次爱心捐助义卖活动中,我和我的同学学会了用心发现身边的美好,用发现的眼睛寻找爱心。相信在今后的生活中,会有更多人用更多样的方式帮助身边有需要的人,奉献自己一份小小的力量!"

"在'三月学雷锋'举办大型的'学雷锋义卖'活动,既弘扬了'扶危济困,乐善好施'的中华民族美德,又培养了学生的奉献精神和节俭意识,所得善款将全部贫困学子资助等公益性项目。"团委书记曾恕如是说。

娄底四中举行高三学子成人礼：勇于追梦，奋斗的青春最美丽

银向峰　胡志英　曾莉丽

"氐星熠熠，涟水汤汤；十八而志，慨当以慷；百日誓师，热血激荡；信心百倍，斗志昂扬……"2019年3月1日，娄底四中组织720余名高三学生、老师，在长沙雷锋纪念馆、柏乐园举行了高三学生成人礼仪式暨迎2019年高考百日冲刺系列活动，娄底市、区教育部门有关领导参加了本次活动。

成人礼活动在雷锋纪念馆广场举行，主题为"十八青春，红心向党；百日冲刺，决胜高考"。时任校长李永福为学生成人礼致贺词，鼓励同学们在高考前的100天里奋力冲刺，勇于追梦。高三教师代表李珊、学生代表杨强讲话，全体高三学生庄严宣誓，表达了2019高考必胜的信念和愿景。娄底四中往届毕业的在长沙读大学的10名同学来到现场，表达了对学弟学妹的高考祝福，曾亦农副校长宣读有关成人规定的宪法条文，勉励同学们铭记这庄严的

学生在雷锋纪念广场举行成人礼

校领导、班主任带领学生迈出人生第一步

学生在雷锋纪念广场举行百日誓师

时刻，志存高远，勇担责任，肩负起时代赋予青年人的神圣职责，成就自己的精彩人生。最后，在激昂的乐曲声中，全体高三学生身穿成人礼服，佩戴成人徽章，带着师长沉甸甸的嘱托，在校领导、班主任、家长的引领下，走上红地毯，穿过高考门和成人门，昂首挺胸地迈出了成人之路的第一步。

成人礼仪式结束后，同学们参观了雷锋生平事迹陈列馆和湖南党史陈列馆，进一步强化了自身的责任感和使命感。随后，同学们赶赴长沙柏乐园，举行野外拓展，观看珍稀动物，体验科技项目，以促进自身健康发展。

返校后，老师组织同学们分享活动体会，提高领悟、写作、口头表达能力，巩固并深化活动成果，进一步强化了学生的责任担当，提升了活动效果。

近年来，娄底四中青少年健康人格培养工程全国领先，学生活动丰富多彩。娄底四中是湖南省心理健康教育特色学校，连续两届获评"湖南省雷锋家乡学雷锋先进单位"，多次获评娄星区、娄底市"五四红旗团委"称号。

刘嘉铭喜获"新时代湖南好少年"荣誉称号

银向锋　胡志英　周伟鹏

2018年12月20日，2018年度"新时代湖南好少年"在长沙发布评选结果，娄底四中刘嘉铭同学榜上有名。

2018年3月16日，刘嘉铭在公交车上与扒手勇斗，匡扶正义，传递正能量，感染身边人，其事迹被《人民日报早报》、湖南卫视、《娄底日报》、娄底电视台等中央、省、市级媒体报道。颁奖词赞扬他正气凛然，无所畏惧，勇斗歹徒，扬社会正气。颁奖现场，湖南省委常委、宣传部部长蔡振红等领导出席并发表重要讲话，省妇联副主席曹薇薇给刘嘉铭同学授奖。

据娄底四中时任校长李永福介绍，娄底四中是湖南省文明卫生单位、湖南省雷锋家乡学雷锋先进单位、娄底市安全文明校园，娄底市文明美德学校。长期以来，学校注重师生思想道德建设，师生综合素养和道德水平不断提高。

刘嘉铭在领奖台上

省妇联曹薇薇副主席给刘嘉铭颁奖

仅2018年来,就涌现出了"娄底市十佳美德少年"陈芳璐、获国家级媒体报道的救助受伤男子传递正能量的好学生吴迪娜、被娄底电视台报道的智救社会青年的四中教师团队、因擒持枪歹徒而被评为"全国模范检察官"的杨莹老师的爱人谢新星等一大批优秀教师、学生、家属先进群体和个人。

此次活动由省文明办、省教育厅、团省委、省妇联、省关工委等部门联合主办。活动历经一年时间,按季度在全省范围内评选了4批共57名"新时代湖南好少年",娄底市有4名学生获此殊荣。

新时代湖南好少年刘嘉铭

承接国培项目，
开展乡村寄宿制学校班主任集中培训

胡志英　银向锋

2018年11月10至17日，"国培计划"——乡村寄宿制学校班主任"留守儿童心理关爱与家庭教育指导能力提升"培训（初中D122）项目研修在湖南人文科技学院顺利实施完成。项目集训形式多样，既有集中学习，也有破冰活动、基地校实践、户外素质拓展、网络交流。本次研修班由教育学院院长刘超良教授主持，副院长李国强担任首席专家。来自长沙、郴州、娄底等地基础教育一线的70名乡村寄宿制学校班主任教师参加了学习。

作为湖南省教师培训基地、湖南人文科技学院实训基地、省市级心理健康教育名师工作室承办单位，娄底四中承担了部分培训项目。围绕本项目的主题"青少年积极心理品质的培养"，名师工作室主持人谢平英做了讲座，上

周宇文校长做专题讲座

胡志英老师分享沙盘疗愈考试焦虑症的案例

谢平英老师上示范课

了示范课；校长周宇文和工作室顾问李永福做了专题报告；工作室核心成员胡志英分享了沙盘疗愈考试焦虑症的案例，反响热烈。近年来，娄底四中心育工作成绩斐然，充分发挥了省心理健康教育特色学校的引领示范作用。

留守儿童心理关爱工作需要广大教育工作者坚守教育情怀、遵循教育规律，长期投入。参加培训的老师感觉收获满满，纷纷表示将在今后的教育工作中不断加强学习和提高，推动留守儿童心理关爱工作的开展，成为基础教育领域优秀的班主任。

雏菊花支教团走进石井中学

胡志英　银向锋

2018年9月27日上午,娄底四中时任校长李永福带领谢平英心理健康教育名师工作室成员、雏菊花支教团一行40人走进石井中学开展"送培送教"研讨活动,石井中学及所辖片区学校老师参与了本次活动。

首先,娄底四中的毛金日老师、康勇老师分别带来了一堂心理健康教育示范课、英语示范课。毛老师的课设计巧妙,通过一系列活动,引导学生发现自己和他人的优点,做最美的自己。康老师的课落实新课改理念,让学生自主学习,真正地成为课堂的主体。两堂课精彩纷呈,石井师生纷纷感觉别开生面、耳目一新。

娄底四中雏菊花支教团走进石井中学

接下来，娄底三小李新喜老师做了题为《用爱创建幸福教室》的讲座，和老师们分享了她管理班级、创建幸福教室的许多"妙招"。娄底四中时任校长李永福在讲座《从心出发，向着更美好的教育不断前行》里，讲述了四中人如何独辟蹊径，探索前行，争创健康人格教育的全国领先地位，打造艺体特色全方位发展的成长平台的故事。他指出，期待娄底四中和石井中学一起开展的"城西教育共同体"联谊活动，能够促进城西教育共同发展，让教育更多地注入文化之魂、理想之魄、精神之钙，为每个学生的全面发展和终身幸福奠定基础。

康勇老师上英语示范课

毛金日老师上心理示范课

其间，娄底市师训中心毛新琼老师、涟源师训中心刘敬东老师、石井中学校长王赞文、河北小学校长黄燕等做了发言。最后，名师工作室主持人谢平英做总结，表示了感谢并提出了希望，为工作室今后的发展指明了方向。

本次活动是娄底四中雏菊花支教团的第二次送课下乡活动，是湖南省基础教育网络名师工作室和娄底市初中心理健康教育名师工作室的系列活动之一，旨在指引教师在研修中不断成长、在自我反思中不断提升、在交流互动中丰富资源，为乡镇教师的成长搭建学习、交流的平台，促进城西教育共同体的发展，充分发挥了娄底四中作为省级教师培训基地的示范、引领和辐射作用。

娄底四中团队赴京出席北京雏菊花公益基金会成立大会

银向锋 胡志英

2018年4月21日下午,娄底四中作为雏菊花文艺协会负责单位、雏菊花支教团发起单位、心理剧《雏菊花开》创作单位,应邀出席在北京举行的北京雏菊花公益基金会成立大会。

会上,著名艺术家姜昆先生给娄底四中赠送了基金会牌匾书法作品和1000册《怎么防止意外伤害》书籍。娄底四中时任校长李永福作为"雏菊花"工作者代表发言,交流了学校落实关爱"雏菊花"的主要做法和经验,介绍了学校筹备雏菊花文艺协会、雏菊花支教团的工作情况,时任副校长周宇文代表学校捐赠了基金会成立后的第一笔爱心款15158.60元,学校师生的务实行动和慈善义举,获得了与会嘉宾的一致好评。

成立大会由中国电影家协会导演、《雏菊花》儿童剧宣传总监朱少宇先生主持。中国人口宣教中心、北京雏菊花基金会、国家卫健委、贵州思南县等

娄底四中领导、老师赴北京出席北京雏菊花公益基金会成立大会

周宇文校长代表学校捐赠 15158.60 元

李永福接受姜昆题写的文艺协会书法作品

众多单位的领导出席大会。朗新科技、易视腾科技等爱心企业负责人、援疆（干部）志愿者、"雏菊花"圆梦女孩志愿者等120余人参加了大会。

娄底四中是湖南省心理健康教育特色学校、湖南省文明单位、娄底市文明美德学校，近年来关注留守儿童健康成长，青少年健康人格培养经验获得中央领导肯定，事迹被CCTV-10报道，在全国范围内产生了良好反响。此前，娄底四中创作并拍摄的心理剧《雏菊花开》获湖南省心理剧本一等奖，录像获湖南省二等奖。学校牵头的雏菊花支教团已经有100余名志愿者报名参与，学校负责的雏菊花文艺协会包括国文社、合唱团、曲艺团、舞蹈队、文体队、乐队也已经有200余名志愿者报名参与。

娄底二中校长李永福获"大国良师"荣誉称号

胡志英　银向锋

2018年4月12日至15日,光明网第六期教育家成长大讲堂暨2017"寻找大国良师"颁奖盛典在四川省成都双流棠湖中学举行,来自全国各地的600余位校长、老师和教育部门领导嘉宾参加了本次活动。开幕式由《教育家》杂志社总裁徐功明主持,66名教师被授予"大国良师"荣誉称号,188名教师获得"大国良师"杰出贡献奖,20个单位获得"大国良师"组织奖。湖南省仅娄底四中时任校长李永福一人当选为"大国良师"。

此次大型公益活动由《中共中央党报》主管的主流媒体《光明日报》的《教育家》杂志社发起,历时10个月,从"印象良师"征文,到派出记者重点寻访,探寻其背后故事;从网络事迹展示、公开投票,专家评审复议,到

颁奖现场

《教育家》杂志社专访李永福

李永福获"大国良师"荣誉称号

微信平台突破6000万访问量,在各地教育主管部门的鼎力支持下,一批情怀高远、人格独立、内心坚毅、教育得法的良师涌现出来。颁奖典礼后,光明网《教育家》杂志社对李永福做了专访。

李永福扎根基层教育,桃李满天下。担任四中校长以来,他独辟蹊径办教育,将一个基础薄弱的中学,在几年内跨越式地发展成为全市乃至全省办学条件一流、教育教学质量大幅度提升的特色中学。他在全校推行青少年健康人格培养工程建设,成效显著,在全国产生了品牌效应。

娄底四中 600 余名高三师生赴韶山开展系列活动

银向锋　胡志英

2017年11月20日,为进一步探索青少年健康人格工程的实践途径,让更多的学生有机会参与、体验、提高,娄底四中组织高三全体学生、家长与老师600余人,开展了韶山红色行暨2018年高考200天"唱红歌、抒壮志、宣誓签名"系列活动。

师生通过参观红色基地、欢唱红色歌曲、朗诵励志诗词、宣读高考誓词、书写雄心壮志等丰富多样的活动,感受了伟人情怀,点燃了高考激情,调整了紧张情绪,培养了健康人格。

据悉,娄底四中自2012年开展"青少年健康人格培养工程"以来,得到了各级领导和教育部门、卫计部门等的大力支持,取得了可喜的成绩,被来

出发路上红旗招展

唱革命歌曲，诵励志诗词

师生代表在毛主席故居前合影

自北京的领导和专家认定为"经验全国领先"，得到了 CCTV-10 的专题报道，相关课题"社会转型背景下中学生健康人格培养研究"和"城区非示范性高中社会责任感养成教育"开题以来研究细致深入，成果扎实有效，实用价值明显。

教师节心连心活动

2017年9月10日,娄底四中举行教师节"心相连,爱心传递"大型青少年公益爱心拓展活动,500多名师生、家长、义工和爱心志愿者相聚一堂,共享蕴含着协作、信任、沟通精神的心灵之旅。

老师、家长、学生、志愿者心手相连,传递爱心,感恩父母,感恩老师,感恩社会

团队成员给予"爱的加持"

师生、家长共玩"风与草"的游戏

娄底四中： 用爱与留守儿童共成长

银向锋　胡志英

2016年2月27日，娄底四中师生和娄星区妇联一行280余人来到双峰县石牛乡马鞍学校，开展了"让爱留守　快乐成长"关爱留守儿童暨野外拓展训练活动。

活动前一周，娄底四中开展了爱心捐赠活动，同学们积极踊跃捐赠爱心，钱虽不多却情意浓浓。高143班的刘丹不但自己很热心，家里也非常支持，是第一个捐赠100元的同学。

12月27日上午，娄底四中师生和娄星区妇联一行来到马鞍学校，为学校全部41名留守儿童送来了新校服。两校同学共同举行了文艺演出，共同参与"齐心协力向前走""大手拉小手"等拓展游戏，笑容洋溢在每个孩子的脸上。演出结束后，区妇联主席杨建奇和娄底四中时任校长李永福分别来到两名品学兼优的学生家里，给他们送去了助学金和大米、牛奶、食用油等物资。李永福还勉励李金强同学，只要他努力学习，可以一直资助他到大学毕业。

下午，大家又徒步九峰山，进行了野外拓展训练活动。一路上大家歌声嘹亮，路途虽远但斗志昂扬，锻炼了自己的意志。

娄底四中：让爱伴随留守儿童共成长

两校学生开展快乐拓展活动

活动留影

晚上回到娄底四中后,全体活动人员进行了分享。分享会上,感恩父母、坚持就是胜利、团结一心克服困难、磨炼意志改变人生、积极改善留守儿童境况是多次出现的话题,同学们各抒己见,进行思想碰撞,获益良多。妇联杨主席分享了自己几年前当老师的经历和感受,真情流露,感人至深。娄底四中时任副校长周宇文对活动进行了总结,勉励同学们换位思考感受幸福,树立远大目标并从小事做起,实现自己的幸福人生。

据悉,近年来娄底四中大力践行健康人格教育并取得突出成效。该校是湖南省心理健康教育特色学校,湖南省心理健康学科省级教师培训基地,湖南省心理健康网络名师工作室承担学校,娄底市、区两级青少年健康人格工程实践基地,相关工作得到全国人口宣教中心先后两任主任的高度肯定并被中央电视台报道播出。

娄底四中：注重师资培训常年充电成常态

银向锋　胡志英

2016年12月3日至5日，娄底四中组织班主任一行70余人到长沙参加湖南省第六届班主任工作研讨会，既开阔了视野，又提高了教育管理水平。

12月3日至4日，娄底四中组织全校班主任和教学教研相关人员，到麓山国际实验学校参加湖南省第六届班主任工作研讨会，听取了相关专家及班主任代表的报告，参观了麓山国际实验学校。报告会上，各位专家、优秀班主任就学校管理、班级建设、学生行为习惯养成等问题向各位老师介绍了经验，老师们深受启发，既增长了见识，又开阔了视野，纷纷表示要结合自身实际，推动实践应用，更好地做好班主任工作，帮助学生成人成才。

12月5日，娄底四中组织外出人员举行了学习心得交流分享会，老师们结合校情、班情、学情，畅谈感悟体会，介绍经验做法，反思不足之处，使与会人员受益匪浅。交流会上，娄底四中时任校长李永福指出，老师们要形

娄底四中老师在麓山国际学校参加会议

交流会

周宇文校长带领老师认真做笔记

成终身发展的理念和浓厚的学习氛围，在加强师生情感交流、培养学生全方位能力和不断提升教育教学水平等方面下功夫，做专家型、智慧型、爱心型教师。学校也会加大投入力度，做好老师培训，这次去长沙培训就是学校在11月中旬组织高三班主任去衡水中学学习后的又一得力举措。

据悉，近年来娄底四中加大课程改革推进力度，学生素质全面发展，教育教学质量不断提高，学校青少年健康发展工作全国闻名。该校是全国足球特色学校、湖南省心理健康教育特色学校、湖南省省级教师培训基地和湖南省心理健康网络名师工作室承担学校。

省区市专家到娄底四中调研健康人格工作

银向锋　胡志英

2016年5月30日下午，湖南省教科院基础教育研究所贺彩云主任到娄底四中调研健康人格工作情况，并给全体老师举行了"做学生幸福人生的奠基人"专题讲座。

调研座谈会上，贺主任仔细听取了娄底四中时任校长李永福的汇报，指出学校作为娄底市"青少年健康人格培养工程"实践基地、娄星区"家庭心理关爱工程"示范基地，积极探索学生的心理健康教育和人格健康培养，取得了可喜的成绩，相关镜头在中央电视台播出，这是对学校工作的高度肯定。同时，也提出建议：一是加强技术力量，配备一定数量科班出身的专业人员；二是扩大参与面，让全体学生受益；三是加大投入力度，配齐设备设施，保障生均专项经费。

时任校长李永福向湖南省教科院贺彩云主任（左二）介绍情况

贺彩云主任给老师们做心理教导培训——做学生幸福人生的奠基人

调研座谈会后合影

调研座谈会后，贺主任给全体教师做了主题为"做学生幸福人生的奠基人"的心理健康教育培训。培训中既有理论指导，又有实践操作，其间穿插的小活动，让大家更深入地理解了心理健康教育的意义，使大家获益匪浅。

娄底市教科所、娄星区教育局、教研室、娄底四中健康人格课题组成员、健康人格网络名师工作室成员等相关领导及老师全程参与了调研座谈会。

追寻伟人足迹　弘扬壮志豪情
——娄底四中健康人格培养活动走进伟人故里

银向锋　胡志英

2016年3月29日，娄底四中组织了"追随伟人足迹暨2016快乐高考"活动。师生们经韶山到长沙，瞻仰伟人事迹，感受革命情怀，树立远大理想，写下庄严承诺。

在韶山，师生们参观了毛主席故居、铜像广场，时任校长李永福带领师生向毛主席铜像敬献了花篮。广场上，师生们听参战老兵讲述烽火历史，缅怀先烈功绩。大家在毛主席铜像前庄严宣誓并现场签名，表示要牢记使命，不畏艰难，求学奋进，立志报国。

在长沙，师生们循着伟人足迹，来到橘子洲头、东方红广场、岳麓书院、爱晚亭。橘子洲上，从娄底四中毕业正在名校就读的校友们做了高考专题讲座，给同学们指路解惑，释放压力。青年毛泽东雕像前朗诵的《沁园春·长沙》，让同学们激情满怀，神采飞扬。湖南大学校园和岳麓书院浓厚的书香氛围感染了每一个同学，一路上的拓展活动增强了大家的自信。

娄底四中师生在长沙橘子洲头毛泽东青年雕像前合影

参加此次活动的还有娄底市健康人格研究院的专家、志愿者以及部分家长代表,娄底市中医医院专门调配一辆救护车和专业人员全程跟随,为学生活动保驾护航。大家一致认为该活动有利于培养学生的健康人格,对促进学生身心协调和谐发展大有裨益。

据悉,娄底四中的健康人格教育工程自2012年开始,受到了参与学生、家长、老师的一致好评。全国人口宣教中心主任张汉湘曾率北大、清华、人大、社科院、中央党校的8名专家教授专程到校调研,赞扬学校经验在全国处于领先地位。2016年3月12日、13日晚,学校健康人格教育开展情况在中央电视台科教频道《探索发现》栏目《家风》中报道播出,获得专家高度肯定。

近两年来,学校深入探索,创新方法,将家庭教育、社会教育和学校教育有机结合,举办各种拓展训练活动,让学生心灵得到净化、情操得以陶冶,培育和践行了社会主义核心价值观。

在长沙读大学的四中毕业生给学弟学妹们做高考讲座

娄底四中师生与来自云南的参战老兵重温历史

健康人格教育被中央电视台专题报道

银向锋　胡志英

2016年3月12日、13日晚，娄底四中健康人格教育被中央电视台《家风》栏目专题报道。娄底四中组织近4000名师生，和专家、志愿者、家长代表一起进行了观摩分享。

《家风》栏目对娄底四中健康人格教育分上下集进行了80分钟的报道，认为这是对曾国藩优秀家风家训的传承和发展，是对湖湘文化、耕读文化的探寻和践行，是优良人生观价值观的浸润，是一种绵延不绝的、让学生终身受益的教育。

专家、老师、志愿者代表观看CCTV-10对娄底四中开展青少年健康人格教育活动的报道

娄底四中师生认真观看 CCTV-10 对学校开展青少年健康人格教育的报道

《家风》报道娄底四中健康人格工程观摩分享会

探寻快乐高考新途径

银向锋　胡志英

2015年5月12日上午,娄底四中组织200名师生到仙女峰,开展健康人格野外拓展活动,并进行快乐高考专题辅导。

此次活动旨在帮助学生亲近大自然,调整紧张情绪,掌握快乐高考技巧,培养健康人格。娄底四中时任校长李永福、书记刘蒲南给同学们做了热情洋溢的报告,娄底市健康人格工程特聘专家、湖南人文科技学院教授李国强为同学们做了《快乐高考》专题讲座,国家二级心理咨询师谢平英老师给同学们做了"放松心灵激发潜能"训练,取得了良好效果。

湖南人文科技学院李国强教授做《快乐高考》辅导讲座

娄底四中是娄底市人民政府确定的青少年健康人格实践基地，自2012年开展健康人格教育工程以来成效显著，获得了各级领导的高度关注和肯定。

近年来，娄底四中教育教学质量不断提高，形成了生源"低进高出，高进优出"的教育亮点，打造了学校体艺和青少年健康人格培养鲜明特色。同时，娄底四中改扩建项目列入"四年行动计划"，现代化教学设施齐全的新教学楼和高标准的田径场正式启用，老师们也用上了公司化的办公系统，可以说，娄底四中正在高中特色发展的道路上不断前进。

娄底四中师生走进仙女峰，开展健康人格野外拓展活动

心理委员培训成常态

银向锋　胡志英

2019年3月18日，娄底四中心理健康教育中心开展了2019年第一期心理委员培训讲座，谢平英心理健康名师工作室部分成员和各班心理委员约200人参加培训。

名师工作室骨干成员胡志英首先组织全场热身，用"快乐传递"作心理建设让大家打开心扉，迅速进入状态。首席名师谢平英总结了2018年度学校的心理健康教育工作，讲解了存在心理问题不能及时化解的危害，还与大家探讨了生活中可能遇到的心理问题，明确了班级心理委员在学校日常学习生活中的重要性，表彰了2018年度优秀心理委员。随后，唐福老师给大家做了专题讲座《我的情绪我做主》，深入浅出地和大家分享了情绪ABC理论，指导大家应当理性地看待生活中的事件，用自己的眼睛和心灵发现生活中的快乐。

表彰2018年度优秀心理委员

胡志英老师组织学生分享"快乐传递"的体会

谢平英老师讲话：如何成为优秀的心理委员

本次心理委员培训是学校心理健康教育系列活动之一，旨在让班级心理委员在了解更多心理健康知识的同时，掌握一定的心理健康指导技巧，从而对开展班级心理健康工作、有效预防心理问题的产生起到积极的作用。

体验军旅生活　培育健康人格
——娄底四中300余名师生走进军营开展拓展训练

银向锋　胡志英

2014年11月17日，娄底四中组织部分师生及家长一行300余人，走进中国人民解放军驻娄某部队进行爱国教育之旅和野外拓展训练，受益匪浅。

上午9点，师生一行到达部队机关，受到了部队副政委康剑华率官兵的列队欢迎。简单整队后，拓展训练教练将师生分成5个小队，每个小队负责扛一箱"军用物资"，由5名战士带队向7公里外的目的地行军。行军途中，战士只能给队员鼓励加油，不能帮忙拿任何东西。娄底四中时任校长李永福身先士卒，带领大家克服困难，互相鼓励，圆满完成行军任务。

行军途中斗志昂扬

虽然娄底市中医院派出的救护车辆就跟在队伍后面并不时提醒走不动的同学可以上车休息片刻，但全体同学没有一个上车休息，全部扛着"军用物资"走完全程，既锻炼了体能，又磨炼了意志。

行军途中，户外拓展训练教练穿插进行了"履带战车""巧妙取水""小橡皮圈接力"等拓展训练项目。队员们彼此齐心，通力合作，团队意识得到极大提高。在"履带战车"项目中，每个小队发了一卷胶带和一些报纸，要求用胶带把报纸首尾相连形成一个大"履带"，然后从队伍中间选20名队员站在履

履带战车团结协作

带中间，随着"履带"的转动前进，并保证"履带"不被损坏。娄底四中书记刘蒲南担任其中一个队伍的队长，他带领队员们团结一心，步调一致，胜利到达目的地。他说，这个项目让大家懂得了团结协作和听从指挥的重要性。因为中间只要有一个队员没做好，就会导致"履带"被损坏，队伍又要重新开始，值得高兴的是大家都明白这个道理，做得非常好。

到达行军目的地后，队员们在部队吃行军自助餐，时间已是下午1点20分。队员们全部排队打饭菜，秩序井然，没有桌凳就席地而坐，饭后还主动帮助收拾餐具、整理餐桌，得到了部队后勤处主任曾明的赞誉。

随后，队员们观看了部队练兵强军比武视频，战士们敢于拼搏、精益求精的品质赢得了大家的阵阵掌声。参观汽车班的宿舍时，异常干净整洁的内务让同学们大为赞叹。

下午，部队官兵和学校师生进行了联欢活动，战士们给师生们表演了女子反恐演练、男子刺杀操、军人演讲和车队行进障碍清除等节目，师生们给官兵们表演了舞蹈、歌曲、朗诵等节目，并向部队领导和官兵献唱了《感恩的心》。表演结束后，娄底四中时任校长李永福代表学校向部队领导赠送了"军民鱼水一家亲"牌匾，以表达全体师生对军人的感激和崇敬。

回学校晚餐后，活动分享会开了3个小时还嫌太短。分享会上同学们感受深刻，妙语频出，既有开心收获，又有泣不成声，内心受到了洗礼，灵魂得到了升华。全国青少年健康人格工程特聘专家蓝腊春、毛智文高度评价了本次活动，认为活动组织好、参与好、收获好，对学生健康人格的养成大有裨益。

本次活动是娄底四中青少年健康人格工程系列活动之一。就在前一天即11月16日，学校还举行了"雷锋1号——娄底四中青少年健康人格培养计划"三年回顾座谈会，也取得了圆满成功。此次军营体验暨野外拓展训练活动得到了中国人民解放军驻娄某部队，娄底市健康人格研究院，市、区计生部

"雷锋1号——娄底四中青少年健康人格培养计划"三年回顾座谈会

门、教育部门，中医院等的大力支持，参与活动的全体队员也用出色的表现，赢得了部队官兵的赞誉。大家纷纷表示，军人身上的爱国、坚强、奉献、拼搏等精神品质，值得每一个人学习，这次的经历也一定会成为终生难忘的回忆！

娄底四中时任校长李永福说，今后学校还会举行更多类似的活动，让每个学生都拥有优秀的品质，让每个学生都拥有健康的人格。学校将和同学们一起，为早日实现习近平总书记提出的两个"一百年"和"中国梦"的奋斗目标，贡献自己的一切力量！

挑战自我　熔炼团队
——娄底四中青少年健康人格培养暨野外拓展训练活动收实效

银向锋

2014年5月6日，娄底四中组织140余名师生及部分家长代表，赴曾国藩故居进行青少年健康人格培养暨野外拓展训练活动。大家参观了曾国藩故居富厚堂、白玉堂，了解了曾国藩的生平事迹、治家做人理念，了解了耕读文化、湖湘文化，进行了拓展训练，都感觉受益匪浅。

全体师生及家长代表先到富厚堂，后徒步行军至白玉堂。时任校长李永福带领大家克服困难，挑战自我，团结协作，互相鼓励，9公里的路程没有一个队员掉队。全体师生及家长代表回归大自然，亲近大自然，既锻炼了体能，又磨炼了意志。

曾国藩故居合影

师生参观富厚堂

在参观途中,教练穿插进行了集体围人墙、小橡皮圈接力、双人背靠背运篮球、同心圆原地起立等拓展训练项目。队员们加强沟通,全力合作,团队意识得到了极大提高。

集体围人墙拓展训练

雷锋1号青少年健康人格教育座谈会

胡志英　银向锋

2013年1月4日，时任中国人口宣教中心主任张汉湘率中央党校、中国社科院、北京大学、清华大学、中国人民大学等高校专家、教授异性，到娄底四中考察青少年健康人格教育工作，高度评价娄底四中探索出来的"1336"模式经验全面领先，可在全国推广。

来自北京的领导和清华、北大等高校专家在湖南省娄底四中参加娄底市青少年健康人格教育座谈会

白鹭山庄拓展活动

郭国权　银向锋　胡志英

2012年5月1日，湖南省娄底四中初90班的学生参加"雷峰1号"青少年健康人格教育工程之白鹭山庄激发学习潜能拓展活动。活动中，周宇文校长表示，本次活动旨在培养健康人格，激发学生潜能，提高家长认识，提升学生的自信心，缓解学生的学习压力，增强学生的学习动能，增进学生的人际交往，加强团队的写作能力，培养班级凝聚力和向心力。

翻越毕业墙——体验团队合作之道

破冰组队游戏——幸福大转盘

体验信任背摔，学生、家长、老师齐心协力接住背摔学生

潜能拓展训练公益活动后合影

二、活动心得体会

齐家治国
——观《家风》有感

高 132 班　陈　轲

　　　　　　　　古之欲治国者，先齐其家。

　　　　　　　　　　　　　　　　——《大学》

　　今观中央电视台《家风》，乃知"家风"之重者，乃系国之兴者也。

　　家者，何也？常人之所感，人心之所念，社稷之所依，国基之所重者也。

　　人生于家，长于家。所见、所闻、所感皆源于亲，故言语仿其亲，行为效其亲，遂成其格。而长辈之言行，乃家风之体现也。风者，度也；训者，诫也。是谓：不立规矩，不成方圆，无教则无风尔。

　　家风儒，子博览群书，气度雅致；家风荡，子寻花问柳，行为荒淫；家风严，子礼节规范，性情乖巧；家风纵，子举止轻挑，处世放诞。故家风实乃人之成长之重依，应以儒、严诫之，忌以荡、纵委之。

　　钱镠者，唐末越王也，世人誉之"造苏杭天堂之巨匠"。谱《钱氏家训》六百三十五字，其注含"身、家、稷、国"四面，诫之子弟"以诚信待人，以责任持家，以担当为国"。后辈遵而践行其训，是故其族延之万世而至今，繁荣依旧：钱穆，历史学者也，桃李满天下，文气浩荡；钱伟长，中科泰斗也，舍生忘死，诚心忠国；钱学森，近代导弹之父也，呕心沥血，为国扬威。

自唐以来，钱氏一家满门才子忠士，子弟皆以"诚、仁、忠、信"闻名于世，千余名人位列各域巅峰，此非家风之使然耶?!

晚清名臣曾国藩者，湖南双峰人也。贵为两江总督，权掌湖湘精兵，起洋务，举矿厂，阻帝侵，可谓显赫。然国藩居室简朴，不雕镂，不布纹，衣冠从简，以礼待人。其《诫弟子书》中尽言之俭勤，永不贫贱。家书恳切，告之后代；家训凛然，严诫子孙。是故曾家数代，人才辈出，言出必信，行事合礼，处世谨严，交人交心。流传至今，家风犹存，世人皆叹服也。

曾、钱两家何以传至今而繁盛不衰？祖辈谱，后世遵，以其训为警诫，以其教为准绳。其族上下，宛若一体，诚信友善，为国劳心。家风如此，焉有不兴之理？

顾今之世，"二代"横行，富者荒淫无度，官者耀武扬威。吃喝成风，嫖赌成性，损社会之颜面，伤祖宗之根基。追名逐利，道德沦丧，实乃门庭自损之故耳。

故今整官治吏，打"虎"抓"鼠"。实大快人心。一家不治，则世风不清；世风不清，则一国不兴；一国不兴，谈何治天下哉?!

家父尝诫之："宁亏者而海阔兮，忌贪之而贻四方。"诚然，余年少不解其意，后多生波折，今方知其理。家父以诚为格，以仁为性，盖祖父如此，"诚""仁"为余之家风也，余当记而遵之，传于后世，使族兴旺不衰也。

《大学》曰："古之欲治其国者，先齐其家。""齐"者，整也；"家"者，风也。若各家之风诚、勤、仁、俭，则世风亦然；若举国之民皆以诚信待人，以勤俭持家，宽仁友善，忠心爱国，则国何愁不兴，天下何愁不平?!

望今诸家皆以曾、钱两家为范。告诫子孙"以德为人，以才立身"。则世风清明，家国昌盛，泱泱中华之绵绵子孙，将以礼仪、道德托起富强之大厦，高照华夏之国魂！

（指导老师：刘乐平）

家风蔚然，国风浩荡
——观《家风》有感

高 133 班　李昱佳

家风，顾名思义，即一家人的处世之风、一族人的道德准则。它是家族信念的隐形传承，如同姓氏一般一脉相承。

自古至今，在泱泱数千年的中华文明里，凡显赫长久的家族，都会有自己独特的家风家教。如《曾国藩家书》，便是后世学习的典范。曾国藩，一代政治巨人，他的后裔人才辈出，他的家族长盛不衰，其原因就在于他对家风的重视。"不望代代得富贵，只愿代代有秀才。"曾国藩从传统文化中找根据，与自身的经验教训相结合，即使在戎马倥偬、生死未卜之际，仍执意写下封封长信，将点点哲思处世之道寓于信中，语重心长，谆谆告诫，使儿女没齿难忘。"绝大学问，即在家庭日用之间。"曾国藩对家风的重视，构筑了百年家族长盛不衰的坚固堤防，为今人提供了堪为典范的家教蓝本。

家风是社会风尚的源泉，影响和改变着社风走向。家风清则民风尚！好家风就是一种正能量。吴越王钱镠重视家族的社会责任感与历史使命感，要求后代诵读经典，领悟传统文化之精髓。其后代钱穆，从小就耳濡目染儒家经典，深受传统文化的熏陶，长大后成为一名老师，在颠沛流离中仍未放弃撰写《国史大纲》，在他心中，国家利益高于一切。到 21 世纪，钱氏子孙已有数百万之多，且代有名人，如科学界"三钱"——钱学森、钱三强、钱伟长，国务院原副总理钱其琛等，皆为钱镠后裔。

孔融谦让的做派与其受的家庭教育密不可分；陶行知致力于新中国的教育事业，用生命中最宝贵的财富回报祖国，带领起一股"为祖国繁荣昌盛而不懈努力"的社会风气。家风是社会文明的涓涓细流，更是社会文明的铺路石，只有众多良好家风聚集，才能最终汇成社会文明新风的大江大河。

反观当下，良好的家风却渐行渐远。"富二代"的横行，激起了世人"富不过三代"的讥讽，使家风沦为笑柄。我们必须正视当下家风的不正之气。作为长辈，应端正自身做派，为后辈树立良好的榜样。作为晚辈，应借鉴长辈身上的优秀之处，吸取正能量，提高明辨是非的能力，对长辈身上的陋习劣习，有则改之，无则加勉，做一名积极向上的青少年，这样才能让良好的家风源远流长。

　　家风，上至国家的兴盛衰败，下达个人的品格优劣，不可忽视。中华民族，是由千千万万个小家庭组成的，只有小家庭和睦融洽，中华民族才会国泰民安；只有小家庭端正做派，社会才能形成良好的世风，中华民族才会繁荣昌盛、国富民强。家风蔚然，国风浩荡！

（指导老师：胡伯香）

缘起　铁血
——赴中国人民解放军驻娄某部队拓展活动有感

高118班　刘逸妍

一如那喷血的朝阳，你们用生命书写辉煌。永远没有轻薄的表白，只用博大诉说着耀眼的刚强。铁血之旅，缘起于此……

——题记

年轻的生命，披上迷彩，变得成熟。稚嫩的脸庞，添上黝黑，变得刚毅。素净的双手，拿起枪支，变得有力。赤子的初心，带着荣耀，变得火热。

铁血，在军队中彰显。缘起，在初遇中国人民解放军驻娄某部队。

当班车载着我们驶进军营，当站岗的士兵向我们敬礼，当教官组成的小方队占据我们的双眼……缘起这里，邂逅铁血。

分配，站立，目不斜视。这是军人的姿态。

活动，展颜，勾起嘴角。这是军人的可爱。

教官的眸子很深，这是军旅生活的沉淀。教官的眸子很亮，这是卫国的火焰。教官的脊背很挺，教官的脊背很宽，支起国家安宁，肩负卫国使命。

行军在乡间路上，教官带我们唱歌。歌声中既夹杂着沙哑，也有着喜悦，我体会了当下流行歌曲中没有的情怀。制作掩体、过桥，教官的帮助、调笑，我感受了课堂上没有的团结。阳光下，挥汗如雨，我们身体疲惫，欲停滞不前，教官陪我们走完全程，我看到了军人的不抛弃，不放弃。食堂排队就餐，教官与炊事军人互动，孩子般笑颜，我看见了赤子之心。反恐演习，荷枪实弹，95的枪管中向天射出的子弹，带出火光，我看见了军人的风采……没有道别，便离开了，甚至没有留下一个背影，这是我们心中的遗憾。

我想军旅生活也许是单调、寂寞的。但是，当军歌响彻整个七星谷的时候，当烛光照亮整个军营的时候，当号角声弥漫整个部队的时候，当团长接过大功程一等大功的时候，希望你也能感受到。

当野花开遍山谷的时候，当雨露滋润万物的时候，当沉甸甸的果实挂满枝头的时候，当寒冬飞雪的时候，希望你不寂寞。

当挥汗如雨的时候，当军体拳打出的时候，当枪管握在手中的时候，当跑在那条乡间小路的时候，当军歌又一次唱响的时候，希望你不会忘记我们。

我一直相信相遇是缘，缘起便不要让它断开。铁血，是一种信仰；遇见，就不要忘记。也许若干年后，我们当中有的人会如同今天的教官一样，成为一名铁血军人。这，也就是一种缘分的延续。和平年代，军魂依在，铁血衷情，从未离开。

缘起，中国人民解放军驻娄某部队，铁血，融入我心。

我心永恒。

（指导老师：刘爱香）

记一次难忘的旅行
——赴中国人民解放军驻娄某部队拓展活动有感

高 129 班　曾　贵

我坦言，我是一个很内向的人，用网络上的潮语来说，就是宅女一枚，至于外出旅行则几乎为零。我常自我催眠："旅行啊！也许就是一场搭了钱活受罪的亏本买卖。"

或许是基于我还年少，我的这种想法很快便被验证了是"吃不着葡萄就说葡萄酸"的满腹牢骚。

学校计划"旅行"的事情早在一个多星期前就通知我们了，然而直到这一天真正来临的时候我才恍然觉得是那么突然。

说是旅行，不如说是一次春游活动，只不过现在是秋季。用学校的横幅标语来说就是响当当的、华丽丽的"野外拓展训练"。不过，于我个人而言，这的的确确算是一场旅行、一次小小的短途旅行。

对于这次旅行，刚开始我是雀跃的，因为繁忙的学习中难得有这样放松的机会。然而到了活动前夕，乍然听到老师的活动安排，仿佛一盆冷水将我从头淋到脚，瞬间有了一种"我要退出"的冲动，但是，如今的我很庆幸我当时的理智压制住了冲动。

这次"旅行"节目丰富，主体是 6.5 公里越野（半跑半走）。于我来说，其中的艰辛一言难尽，用两个字概括，那就是"奇迹"。吃饭的时候我无意间听到两个教官的对话："这群学生真厉害啊！一个都没掉队。"我愣了一会儿，头埋得低低的，默默地扒着饭。"恐怕我就是个例外吧！教官你是没看到吧，我早在跑最后 1 公里的时候便就从一队落到了三队的后面。也难怪，视线有限嘛！不过总体上看我们班 99% 都准时到达了目的地（至于那 1%……）。这是相当不容易的，虽然我不在其中，却也是没掺半点水分地跑到了终点，只

相关活动

是速度慢了那么半拍！"

我是个懒人，这是毫无疑问的。事实证明，偷来的懒通通是要还的。原本还在为躲过了一次又一次的跑步而沾沾自喜，这回却因此吃了不少苦。所以我深刻体会到锻炼是非常重要的，健康才是基于一切的主体。

从这次的"旅行"中我体会到的第二点就是：凡事要有准备。像今天这种去部队的差事，显然不是看看风景、拍拍照片这么简单。学校允许，人家教官还不允许呢！就拿我来说吧！我就全当是旅游了，背了一大包的零食，还美滋滋地穿上新买的帆布鞋。结果行军过程中背负太重，又穿着磕脚的新鞋子，脚也肿了，肩也酸了，回来还有三分之二的零食没吃完。所以啊！吃一堑，长一智，没有亲身经历，就不会长记性。就像骑单车一样，膝盖不摔青几块是永远学不会的。

其间，我印象最深的就是吃完饭后，大家盘腿坐在篮球场观看军营纪录片的情景。我们坐着，他们站着，站得笔直笔直的，左右八个，后面四个，像卫兵一般的对我们行注目礼。出于敬畏，全程我一动也不动地看着纪录片，丝毫不敢开小差，即使有年轻不懂事的理由作为借口，认为那也是一种无礼的亵渎。

官兵们站如松，我亦坐如钟。

末了，离别就如电视中演的一般，教官们在风中敬礼、目送我们离开。

总而言之，我感触颇多，方方面面，都有涉及。这是我感触最深切的。

美好的生活，就要如夏花之灿烂和秋叶之静美，既要有静如处子的淡雅，也应有动如脱兔的灵性。

不要拘泥于书本，不要做井底之蛙，因为井外的世界更美好！

（指导老师：王　琼）

军魂一缕
——赴中国人民解放军驻娄某部队拓展活动有感

高106班 曾 毅

滚滚长江，滔滔黄河，军魂涌动，军魂在我心中翻腾。

短短一天，从部队回来，我的心情一直不能平静。我查阅字典，"军魂"，简单地说就是一种军人的意志和信仰。

仰观历史，从击破号称"日本钢军"的国民党第五军，到中国共产党领导的"平型关大捷"；从国民党第200师誓死守卫同古，到朝鲜战场志愿军与联合国军殊死拼搏，中国军人一直在亮剑！古代剑客们在与对手狭路相逢时，无论对手多么的强大，就算是天下第一的剑客，明知不敌，也要亮出自己的宝剑，即使倒在对手的剑下，也虽败犹荣。纵然敌众我寡，纵然是身陷重围，但敢于亮剑，敢于战斗到最后一人，这就是我们的亮剑精神，也正是我们的军魂所在！

如今，中国人民解放军发扬了亮剑精神，这种敢于战斗、善于战斗的精神，是一种自强不息、主动出击、锲而不舍的行动力，是一种敢于负责、压倒一切的霸气。这，也是我等高三学子需要的精神力量。自古狭路相逢勇者胜！向困难亮剑，向高考亮剑，向明天亮剑！纵然举步维艰，纵然身心俱疲，但敢于亮剑、敢于战斗到最后一刻，才是我等高三学子的不拔之志。

看！千里绵延的大山中有人在吼叫，犹猛虎下山，豪气当头，饱含势不可当的爆发力！他们用青春捍卫祖国的疆土，心中无怨无悔。他们是森林之猛虎、深渊之蛟龙。我们不能再徘徊，不能再犹豫。心有猛虎的我们，亮剑吧！亮出我们用十二年的光阴磨炼的宝剑，让它直指苍天。

六月，一场浩大的战役即将打响，虽然我们不是军人，但也必须拥有军魂品质。虽然前方风雨兼程，但剑已出鞘，必要亮出精彩！

（指导老师：陆景元）

参加野外拓展训练有感
——赴中国人民解放军驻娄某部队拓展活动有感

初108班 邹 昊

晚秋澄清的天像一望无际的平静碧海，山脚下金黄稻田时时摇曳着丰满的穗头。伴随着一路飞歌，我们的车穿行在前往驻娄某部队的乡村公路上。

车一到部队，教官在我们稍做休整后就宣布："8.5公里野外拉练开始，出发！"同学们高举旗帜，昂首挺胸，有说有笑。队伍整整齐齐，引得路人驻足观望。但一小时后，整齐的队伍逐渐变得松松垮垮起来，不时有一些娇气的同学问"教官，到了没有？""老师，还要多久？"我也感觉脚底一阵钻心的痛，一个个脚趾麻木疼痛起来。书包越来越重，脚步越来越沉，只想一屁股坐下不走了。突然，我的肩膀一阵轻松，扭头一看，只见吴焕楠肩头上挂着两三个包。他一边背过我的包，一边朝我羞涩地笑了笑，说："再多一个不碍事，只是你别掉队了。""对，要对自己充满信心！"我迅速整了整衣服，大步跟上了队伍。一路上，同伴累了，书包会被"抢过去"；体质弱的慢了，拉着一起跑；跑得大汗淋漓不管！跑得筋疲力尽也不管！中途休息，教官举行了一个团队合作比赛。刚分好组，讲明比赛规则，我们便迅速行动。大家出谋划策，配合默契。只见摆报纸、贴胶布、补破洞、转"履带"，一会儿便轻步慢行穿"丛林"，成功到达目的地。大家欢呼雀跃起来："我们赢了！"欢呼声穿过树林，惊飞了鸟儿，也让我们明白了：没有完美的个人，只有完美的团队。团结、协作能凝聚力量，战胜自我，战胜对手。我们是最棒的团队。

经过两个小时的拉练，我们终于到达了部队营地。

步入军营，第一感觉便是整齐。树林、草坪、宣传栏、站岗哨……横看成行，纵看成列。解放军叔叔更是步伐整齐，步调一致，透出军营特有的节奏，令人赏心悦目。

下午,我们观看了部队军事演习录像,参观了营房内务,观看了"女子反恐""刺杀操"等表演。其中,营房安静神秘,内务着实令人叹服。被子是方方正正的豆腐块,武装带放右侧,军帽放在被子正前方,鞋袜一字排开放在床下搁板上,地面一尘不染,连牙膏、牙刷漱口杯都中规中矩朝一个方向摆放。几个调皮的学生以为是预先准备好的,偷偷去楼上看了看,竟然都是如此,不由啧啧称赞。正如孔子说的"随心所欲而不逾矩"。我想,这就是军人素质,这就是良好习惯的养成。

当夕阳的余晖映照在一张张红扑扑的脸上时,我们踏上了归途。回到学校,大家欢聚一堂,畅谈心得体会。辅导员谢老师问:"同学们,累了吗?"一个个响亮的声音回答:"不累!""我们不怕累。""我们再苦再累也是甜。"

顿时,同学们的话匣子被打开了。

"在拉练中,我学会了用意志去完成任务。"

"我们在遇到困难时,要勇敢面对,永不言弃。"

"以后在学习上,我再也不叫苦叫累了。"

"解放军叔叔保家卫国,他们是最可爱的人。我们要学习他们艰苦朴素、严于律己的作风。"

"我再也不做温室的花朵了。"

尽管这次青少年健康人格野外拓展活动已经结束了,但每个情节仍历历在目,令人难忘。同学们一句句发自肺腑的话语敲击着我的心房,令人热血沸腾。一天时间虽短,但它是我一生中不可多得的精神财富,可以让我在很长的时间里慢慢回味。

(指导老师:毛金日)

一路向前
——有感于部队之行

高 106 班　李　樱

龙山之行后,我始终忘不了那场长距离的拉练。未曾料到懒惰至极的我,轻言放弃的我,会完成这场拉练,纵使过程那么痛苦。

那是一场浩浩荡荡的旅行,是一段永不言败的旅程,是一条超越自我的漫漫长路。每一个脚印,每一段路,都让我今生难忘。

拉练中,最令我无望的,是处在队伍中间,与前队相距一段,与后队相距一段,前方的人我追不上,后方的人又对我穷追不舍。

这是一种极为痛苦的体验,身边没有帮你的人,还要一直跑,因为只有拼命地跑才不会被丢下,才不会拖累班级。很多时候我很想放弃,可每每看到那么多人和我一样的累却依旧在坚持,依旧在跑,就心有不甘,因为不甘心自己比别人差,所以咬牙坚持。虽然我知道接下来长路漫漫,但是我更害怕一停下就再也跑不下去了。

然而真正令我崩溃的事是看见了我爸,就像是有了依靠。在开跑前我犯了一个错误,就是喝足了水。我脚如千斤重,喉咙冒血,想吐,甚至眼泪都出来了,狼狈至极。只是因为不愿服输,又听到了鼓励,我一直在坚持。抬起,放下,抬起,放下,跑。可当我爸出现时,我想要放弃,想要告诉我爸。可我爸充分展现了他狠心的一面,明知道我难受,却一直拉着我跑,不准我停下,不准我放弃,一定要跑到终点。

当知道我爸不能成为我的依靠,我谁也不能依靠时,我终于明白只有自己才能成为自己的依靠。我必须跑完,纵使前方千难万难。

到达终点的那一刹,喜悦从心中涌出。纵使是千难万难的路程,纵使多次试图放弃,纵使在痛苦中煎熬,我还是完成了全部路程,我为自己骄傲。

人生又何尝不是如此一般的长跑？我想。

人生不会一帆风顺，而是同这段拉练一样充满艰辛与痛苦，一样面临孤独与绝望。我们会有多次跌倒，会有多次想要放弃，只是最后，我们一定都会自己爬起来，将心酸与泪水吞下，继续跑！因为我们不愿服输！

孤独的时候，看前方，就会拥有奋力向前的信念和永不言败的决心！

而在这场长跑中，也没有谁是你永远的依靠。亲人、朋友、同学都只会陪你跑一程，我们要学会自己跑。当初我记恨我爸，到如今，我知道那是最深沉的父爱！而我也会记住 106 班带给我的温暖，我会带着它们一路前行！

对于正值青春年华的我们来说，属于我们的长跑才真正开始，我们要带着信念一路前行！无畏风雨！

（指导老师：陆景元）

潜能训练，我喜欢
——记白鹭山庄野外拓展训练

初 90 班　李淑颐

2012 年 5 月 1 日，我早早地来到了学校。我心里激动着、期盼着，因为我将参加由班主任谢老师组织策划的激发青少年潜能拓展训练活动。

终于，大巴车在我的期待中出发了，虽然天下着雨，却丝毫没有影响到我们的心情。大约半个小时后，我们到了此行的目的地——西阳白鹭山庄。

上午，因为天公不作美，所以我们在室内进行了一系列有趣的小游戏。教练让我们做平时认为做不到、觉得不好意思去做的动作：破冰、幸福大转盘等，这些小活动拉近了同学间、亲子间、朋友间的距离，使我们真正融入了一个大集体，使我们忘掉了往日种种的不愉快，使每个人的脸上都洋溢着灿烂无比的笑容。

午饭后，老天也许是被我们的快乐感染了，放晴了。我们来到室外训练场地，进行了五项令我受益终生的潜能拓展活动。

重拾自信

"好……好，来了，接住，慢点……稳住……好，下来了。"一阵阵呼喊声感染了在场的每一个人，这是教练在让我们体验"信任背摔"。

几位同学体验过后，终于轮到我了。我努力使自己平静地登上高台，双手做好姿势。教练用红领巾把我的双手捆住，然后，用双手握着我的双肩，问我最信任的人是谁。我说是朋友。听我说完，教练便松开了他的手，使悬空的我落了下去。紧接着，我被早已在高台下方准备好的同伴接住，并安全地传送到地面。我惊奇地发现，前几秒还在高台上紧张害怕得双腿发软的我，后几秒竟然真的平稳地从那高台上下来了！而且配合得很好！我有点不敢相信眼前的这一切。我很激动，忽然明白，那些看似自己不敢做的事情，其实是会成功的，只要有自信，有勇气。

学会信任

当红领巾遮住我的双眼时，我眼前的世界成了一片黑暗。我是一名"盲人"了，我心里很慌张，毫无方向感。就在我摸索着前进时，一双柔软的手牵住了我。我知道，新的体验又开始了，牵住我手的是我的领路人，她是一名"哑人"。在接下来的时间里，她牵着我走过一段有险阻、有荆棘的崎岖山路。

一路上，我们两个互相扶持，走到了终点。遗憾的是，当她松开我的手，当我摘下蒙住自己眼睛的红领巾，当教练要我们找到刚刚扶着自己走过那段坎坷山路的"哑人"时，我却发现找不到她了！

我很着急，我无法忘记她那双柔软的手，我无法忘记她在旅途中摘给我吃的不知名小野果的味道，我无法忘记在遇到沟壑时她怀抱的温暖，我也无法忘记她帮我系鞋带和在走到平坦路上时她替我擦掉手上的泥土带给我的那种感觉。

可是，我还是没有在规定的时间里将她找出来。好在最后，经过志愿者姐姐的提示，我终于还是找到她了，她就是我们班一位同学的姐姐。

通过这样一段"人生之旅"，我明白了，人的一生总会有坎坷，总会有挫折，我们需要身边人的帮助和引导，我们也要知道，在人生低谷的时候，我们并不是在孤军奋战，我们还有亲人，还有长辈，还有朋友，我们要学会信任他们。

感动

在接下来的"支援前线""穿越电压"两个活动中，三个小组的成员都尽自己最大的力量为自己所在的团队获得荣誉。这使我懂得了在合作中竞争的道理。

"一、二、三……上来！"也是随着一声声的呼喊，我们迎来了最后一个训练项目——攀越"胜利墙"。

这次，我没有过多考虑，在几位高大的伙伴顺利爬上那面3米高的墙后，也毫不犹豫地站在了当人梯的两位长辈肩上。这时，我看到在一旁"护卫"

的伯伯对我竖起了大拇指，我的心在一刹那温暖起来，我感动得朝那位伯伯扬起了笑脸。也是在这种鼓励下，我在伙伴的帮助下信心百倍地爬上了那面胜利墙！

那位伯伯我认识，他就是我们班一位同学的爸爸。

傍晚，我们踏上了归途，这一天的活动对我来说是一次震撼心灵的旅行。

人的经历是有限的，不能亲自走遍所有风景迷人的地方，但今天的活动，让我们满怀欣喜地感受了迷人的风景。

让心灵，去旅行，我喜欢。

（指导老师：谢平英）

心灵旅途
——记一次心理辅导

初90班　肖昱嘉

4月22日下午，我在毛老师的帮助下进行了一次心灵旅途，让我终生难忘、受益终生……

那天下午，我早早地到了教室，和班主任谢老师一起等待志愿者哥哥姐姐们，因为我们想与他们交流、沟通，并了解他们。不久，他们来了，我十分高兴，连忙走上去与蓝教授、毛老师握手，这让我感到很满足。

活动开始了，大家与志愿者有说有笑，气氛融洽，这时毛老师走过来对我说："你有什么困惑吗？"

我说："我注意力不集中，上课容易走神、发呆，而且我觉得自己的记忆力不是很好。"毛老师说："潜意识是意识的五百倍，只有开发你的潜意识，挖掘潜能，你才能解决烦恼。下面我们针对这个问题，来做一个游戏。首先请缓缓地闭上眼睛，然后做深呼吸，深深地吸，缓缓地呼。"

然后他对我说："现在，你眼前有一条路，你看着这条路，在我拍你肩膀时，你就告诉我。"我看到了一条崎岖的山间小路，路旁有高大的树木，路上有行人在走。然后他拍了一下我的肩膀，我就把所看到的告诉了他。他又问："你走在这条路上有什么感觉？"我说："愉快，喜悦。"

然后毛老师又对我说："现在你要走这条路，去完成一个重要的使命，在这条路上布满了荆棘和岩石，最后你到达了目的地，挖了一个坑，并将你身上最重要的东西埋下去。"我心里想着：我把我的手表埋在了里面。毛老师问我埋了什么，我说："手表。"他又问"为什么要把手表埋下去呢？"我说："因为我想珍惜时间。"然后毛老师让我们浇灌埋下去的希望的种子，直到它长大、结果。

毛老师问我："你找到水源了吗？"我说找到了，它是一个湖泊，路途很遥远，树长大后结出了我失去、浪费的时间。

毛老师说："你渴望得到失去的时间，但时间过去了就不会回来，虽然你之前浪费了许多时间，但如果你现在努力、高效率地学习就可以弥补过去的时间。"

我感悟很深：过去我已浪费了许多宝贵的时间，只有从现在开始，勤奋、努力、高效地学习才能弥补。我更要落实到行动上，只有这样才能成功，才能提高学习成绩，才能决胜中考。

真希望能多几次这样的对话和游戏，因为这让我感到放松、快乐和幸福！

（指导老师：谢平英）

感动之旅
——赴娄底市康复医院"学雷锋、献爱心"有感

高24班　邓　优

第一次前往康复医院，我的心情特别复杂：紧张、害怕、兴奋。即使旁边的同学将里面的病人描述得多么不可理喻，多么恐怖，也没有打消我的热情，他们只是病人，而我们需要给予的就是关爱。

在医院的公告栏上，我看到了十二个特别瞩目的字：以病人为中心，以质量为核心。我想这就是所有医护人员的职责和使命吧！

在慰问表演的时候，我用心地看了看那些病人，他们的眼神，有的呆滞，有的闪烁，而有的特别落寞，就好像一个个被抛弃的孩子一样，特别无助，特别可怜，看着他们，我的心特别难受。

在之后对护士的采访中我们得知，这些病人中有的还是研究生、博士。想不到这么高学历的知识分子也会成为精神病人，他们本该是国家的栋梁之材啊！

有一位叫作蒋金花的护理员向我讲述了她与病人之间的一些事情，那时她刚来到医院，与同事一起打扫病房卫生，一个病人忽然张牙舞爪地跳到她面前，把她吓了一跳，但是她知道她不能有任何情绪，否则会引起病人更厉害的攻击，所以她还是转头去做她的工作。病人觉得无趣，就悻悻地走开了。还有一次她给病人喂饭的时候，病人也要把饭喂给她吃，虽然她心里明白这样很不卫生，但是作为护理员的她也只能将饭吞下去。听她说了之后，我想：这里的护理员所做的牺牲都非常之大，不禁对他们肃然起敬！

蒋护士还跟我谈了她的儿子。她经常教育她的儿子，让她儿子与病人接触、交流，让他感悟一些别人很少能体会到的东西，明白一个人应该要有一颗感恩的心、一颗善良的心、一颗健康的心……

我又采访了护士长："我们这些学生，如何预防精神疾病呢？"她回答："首先要学会用真诚的心对待别人。与同学有矛盾时，要先从自身找原因，而不是去指责他人，甚至大打出手。这样不仅会伤害彼此的感情，而且会让你的心胸变得越来越狭窄，变得爱钻牛角尖，对你们的心理是有百害而无一利的。另外，当压力太大的时候，要寻找化解的方法，不要压抑在心里，不然会日久成疾。一个人的心理疾病比一个人的身体疾病要可怕得多……"

护士长还教会了我很多很多，时间似乎过得很快，我们即将分别，她对我说："希望你健康快乐！"当时我特别感动，为她的真诚、她的善良。

通过这次康复医院之行，我了解到了很多东西，最深的感触就是时间太少，不够我更细心地了解那里的一切。如果下次还有机会，好想再与那些让我感动的人见见，听听他们说说那些让我感动的事。

（指导老师：周宇文）

让心灵如花绽放
——心理委员培训有感

初146班 王 哲

在科技飞速发展的今天,医疗技术逐渐提升,很多曾经让人闻风丧胆的疾病都已不再可怕,但心理疾病仍然是威胁人们生命的一大元凶。世界卫生组织提出,现代意义的健康,不仅包括生理上的健康,而且包括心理健康。

近年来,各地轻生、自残、抑郁的报道层出不穷,很多都是因为心理疾病导致的,可见心理健康是多么的重要。据了解,13~18岁的学生由于身心的迅速发育、社会多元化的影响、学习压力的繁重、辨别是非能力和自我管理能力不强等,极有可能产生心理问题,其中最为常见的表现便是抑郁症。为了防止这种情况出现,提高学生的心理健康水平,我们学校专门组建了心理委员团队,我也荣幸当选了班级心理委员。但我对这个职位与相应的职责并不熟悉,或者说是完全陌生的。

或许是知道我的困惑,周五下午,学校组织心理委员前往科教楼进行培训。首先,湖南省心理健康网络名师工作室的谢平英老师、胡志英老师为我们倾情授课——《如何成为一个优秀的心理委员》,其目的是让我们更快地适应环境,更多地了解这项工作的重要性,营造一个积极上进、互相帮助、互相关怀的氛围。通过听讲座,我们明白了心理委员的职责:自身心理健康的示范者,心理健康知识信息的宣传者,心理危机问题的发现者,同学心理健康维护的支持者。

接着,唐福老师组织了团体辅导活动——生命之旅。同学们分成三组,第一组同学扮演"盲人",戴上眼罩;第二组同学扮演"哑人",不能说话,带着"盲人"走过一段坎坷路;第三组同学当"盲人"和"哑人"的安全保卫者。游戏中,因为紧张,"盲人"们都紧握着"哑人"们的手,生怕一个不小心就撞倒。而前面的"哑人"们也紧紧地握住"盲人"们的手，小心翼翼地领着他们爬山、钻洞，穿过一个又一个的障碍物。在这紧张的气氛中，所有的同学都到达了终点。

最后，老师让我们分享本次培训的收获和感悟。海伦·凯勒曾经写过"给我三天光明"，而今天的活动就是现实的"给我十分钟黑暗"。当我们戴上眼罩，一切都陷入黑暗之中，对于前方的路一无所知，所有的希望、自己的安全全部都托付给了那一只紧紧握住自己的小手，那是黑暗中唯一的依靠。这种黑暗，就像我们生活中的挫折一样，无处不在，让人伤心、失落。这时，我们急需一只那样的手，给予前进的动力与勇气，引导我们继续向前。

平时，老师、父母就是我们生命中的"哑人"。今天，我们心理委员也要成为同学们的"哑人"。当同学遇到挫折或者心情低落时，我们就是他们黑暗中的那一闪火花，要当好他们的倾诉者，不能取笑、嘲弄同学的困难，更不能将同学的困难当作笑话告诉其他同学，要努力解决他们的烦恼与困惑，帮助他们找到前进的路，积极地面对以后的学习与生活。

泰戈尔说："世界以痛吻我，要我报之以歌。"或许这个世界并不完美，但我们仍然可以疗愈自己，疗愈他人。奏响音乐，奏响我们的青春旋律。弹起吉他，弹出我们的豆蔻年华。谱写年少，谱写我们的意气风发。用心歌唱，唱出我们的梦想之花。

（指导老师：黄辉平）

爱心飞扬
——记爱心义卖活动

初161班　陈一鸣

今日的四中操场，人山人海，欢歌如潮；今日的四中操场，红旗飘扬，彩球纷飞；今日的四中操场，爱心飞翔，义卖不止。

宽阔的操场上热闹非凡，高高升起的国旗迎风飘扬，同学们欢呼雀跃，各自拿着自己的义卖物品来到班级的义卖地点。

每个人都摩拳擦掌，跃跃欲试，为了我们班的集体荣誉，为了能吸引更多的顾客，我们班的王梓浩自告奋勇地当起了宣传人士。他嗓音洪亮，声震操场，用"河东狮吼"来形容有过之而无不及。售销队的队长——梁振宇，也带来了他家乡的特产——麻辣萝卜条。它深受人们喜爱，大家争先恐后地来购买，小小萝卜条居然成了炙手可热的商品，这让梁振宇始料不及。不一会儿，我们的爱心义卖物品便被一抢而空，这也要多亏那些爱心人士，他们的爱心犹如三月春风般温暖。

我们才艺队也不甘示弱。首先出场的是我们班的才艺担当——李嘉慧。只见她随着音乐的节拍，跳起了她最擅长的拉丁舞，精彩的表演赢得了观众的阵阵喝彩，大家纷纷往募捐箱内捐款。见此反响，李嘉慧跳得更加卖力了。阳光下，她的每一个舞姿都充满了力量，每个舞姿都婀娜多姿，每个舞姿都是光与影的变化，每一个舞姿都是力与美的结合，观赏的人无不叹为观止。

接下来是我们班的另一位种子选手——李诗婷的歌唱表演。她唱出的每一句歌声都悄然地敲打着大家的心房，到达大家的心灵深处，使人陶醉！她的天籁之音也吸引了不少听众，大家纷纷停下脚步，仔细聆听这悦耳的歌声，一边拍手称赞，一边慷慨捐款。这些善款如同长了翅膀飞进了募捐箱，飞向了灾区人民，让人产生一种满足感和自豪感。

最后，该我这个校足球队的精英展示自己真正的独门绝活了，我在跑道上玩起了花式足球，熙熙攘攘的人群再一次聚拢起来。在义卖的两个多小时内，我为他们献上了一场足球盛宴。

为了献爱心我们毫不胆怯，我带着一群热血推销员，抱着募捐箱开始在各个班的展台前进行揽客表演，在操场一直走了好几圈，我们的腿也酸了，喉咙也喊哑了，但我们却无比满足，无比兴奋。

操场上，就数我们班的叫卖声、讨价还价声、惊叹声最响亮，可谓"声声俱全"啊！同学们个个都聪明伶俐，巧舌如簧，很快，我们班便"赚"了个盆满钵满。活动结束后，同学们数数募捐箱的钱，足足有一千一百多元，我想：其他班的同学也只能对我班"望钱兴叹"了。

看着我班那群"数钱眼开"的同学们，我的心情无比舒畅，放眼望去，天气是那么明媚，树儿是那么翠绿，花儿是那么娇艳，我不由得心花怒放。

分分角角虽少，蕴含的却是一份爱心；零零碎碎虽少，凝聚的却是一股巨大的力量。爱是一种习惯，也是一种美德，更是一种责任。愿我们的爱心能飞越千山万水，融化灾区人民心中的寒冰，开出最美丽的花儿！

与爱同行，一路芳香。

（指导老师：李霞晖）

名师工作室

谢平英工作室，向美好教育快乐前行
——湖南省谢平英心理健康网络名师工作室与娄底市谢平英初中心理健康名师工作室小记

谢平英　胡志英

自2012年3月以来，娄底四中试点健康人格工程，持之以恒，探索并不断完善"1366"模式，成绩斐然，被评为湖南省心理健康教育特色学校。同时，湖南省心理健康教育网络名师工作室和娄底市初中心理健康教育名师工作室也都落户娄底四中。

谢平英心理健康名师工作室图标

湖南省基础教育网络名师工作室谢平英工作室牌匾

娄底市谢平英初中心理健康教育名师工作室牌匾

一、聚一群好人，做好一件事

湖南省谢平英名师工作室现有成员328人，娄底市谢平英名师工作室现有成员79人。工作室"专业与爱，让生命绽放异彩！集体智慧，创造心育奇迹！"的核心理念，丰富多彩的线上线下活动，吸引了很多老师加盟。湖南省基础教育资源网的谢平英工作室平台栏目齐全、资料丰富，点击率有26万多次，发挥了很好的示范、引领和辐射作用。

（一）首席培养制——前沿信息，凝聚团队

名师工作室首席名师谢平英

谢平英，娄底四中正高级教师，湖南省特级教师，湖南省心理健康网络名师工作室主持人，国家二级心理咨询师，"国培"心理健康教育授课专家，湖南人文科技学院校外特聘专家，娄底市青少年健康发展专家委员会讲师，娄底市骨干教师，娄底市优秀班主任，主持和参与6个湖南省教育科学规划课题研究，主编《心理健康教育课程设计与开发》，10多篇论文公开发表，30多篇获国家级、省级、市级奖励。

（二）学术顾问制——专题报告，课堂引领

贺彩云，湖南省教育科学研究院基础教育研究所课程与综合室主任，心理健康教育教研员，国家二级心理咨询师，省培专家。

名师工作室顾问贺彩云

李永福，娄底二中校长，高级教师，湖南省中学数学教学研究专业委员会会员，湖南省教育学会心理专业委员会理事。

邹兆林，娄底市师资培训中心书记，致力打造娄底教师教育专业成长的平台，用大爱之情普娄底教育新篇章。

陈灿芬，湖南人文科技学院副教授，湖南省党的创新理论基地方向负责人，湖南省双一流"马克思主义理论"学科骨干成员。

名师工作室顾问李永福

名师工作室顾问邹兆林

名师工作室顾问陈灿芬

客座专家：彭玮婧（省教科院）、赵省健（省电教馆）。

名师工作室客座专家彭玮婧（左二）

名师工作室客座专家赵省健

湖南人文科技学院：李国强、徐建东。

（三）骨干带动制——分工合作

核心成员周宇文为娄底市优秀校长。核心成员胡志英为国家二级心理咨询师。核心成员廖明妃以儒家文化浸润心灵。核心成员禹泽兰跨界生长，成绩斐然。

周宇文

胡志英

廖明妃

禹泽兰（中）

二、因为专注，所以专业

工作室的核心目标：培养学生的独立人格、自由意志，开发其自身潜在的创造能力，达到人性的全面、健康发展。锲而不舍地开展刻不容缓的心理健康教育。

（一）问道——问渠那得清如许，为有源头活水来

1. 从心出发

（1）分析中学生心理问题、人格问题产生的原因与心理现状的调查研究。

（2）重视考察社会转型对中学生世界观、人生观和价值观的影响因素及影响程度。

（3）加强心理健康教育、健康人格培养的途径、方法和策略研究；营造有利于中学生健康人格形成的环境；实现中学生心理健康教育由认识到行为的有效结合；建立学校、社会、家庭和自身四位一体的立体式健康人格教育体系；培养中学生健康人格教育从被动接受到主动实践的转化。

给学生做心理体检

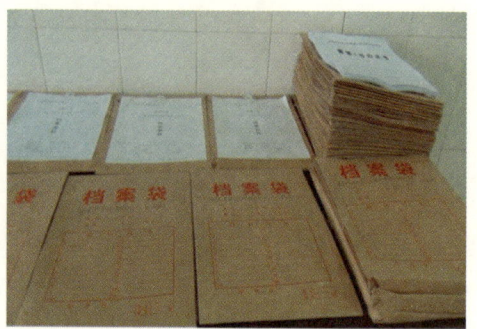
学生心理健康档案

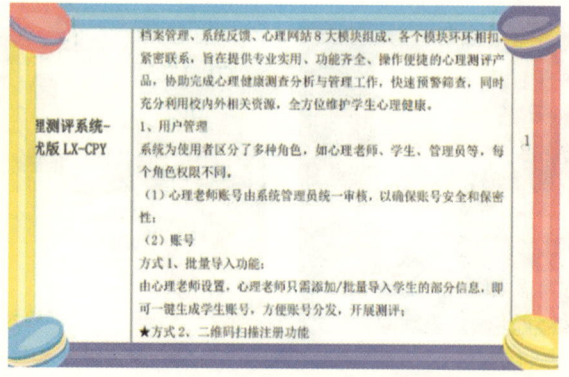
网络心理测评系统可对学生进行批量测评，自动生成《分析报告》，提供危机预警，预约咨询，也便于档案管理

（4）探寻矫正中学生心理问题、人格问题的方法、途径，探寻中学生心理健康、健康人格的理想模式，促进学生的自我实现。

（5）中学生心理健康教育、健康人格培养的运行机制、长效机制研究。

（6）中学生心理健康教育、健康人格培养的评价体系研究，如：设计、运用专业量表前测、后测，通过数据对比评价；学习能力、学业成绩前后的对比评价；学生自我评价；老师、同学评价；家长评价；社会评价等。

2. 不断修炼

（1）学习和掌握中学生心理健康教育、健康人格培养的方法和技能。如中学生团体心理辅导主题选择、方案设计、辅导技能，生命教育与危机干预，中小学生情绪调节与人际交往指导等。

贺彩云主任、邹兆林书记精心指导

赵省健主任做优课讲座

陈灿芬老师（右二）指导工作

（2）学习和掌握中学生心理咨询与治疗的方法和技能。如中学生考试焦虑调适，抑郁症与焦虑症的治疗，以及催眠疗法、绘画疗法、音乐放松、意向对话、沙盘游戏。

肖少和校长率先垂范

李永福给省培学员做讲座

刘蒲南书记做指示

谢平英首席上示范课

刘敬东老师传帮带

胡志英老师做讲座

湖南师大附中袁春龙老师送课工作室

廖明妃老师做讲座

禹泽兰老师参加市级赛课

（3）学习和掌握教师（工作者）自身心理保健的方法，总结和分享工作经验，提升工作效率。如班主任心理辅导和班主任成功经验分享等。

（4）学习心理课的上课技巧，每学期打磨两节心理课。

心育家贺国平当好表率

李丽老师做生涯规划指导

毛金日老师参加市级赛课

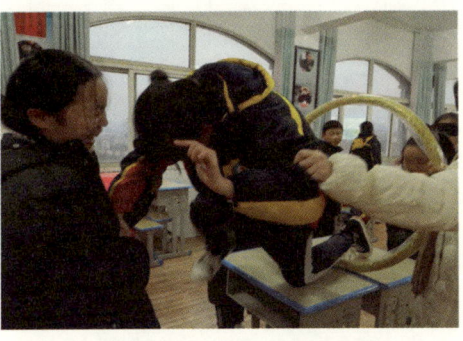

"穿越生命"学生团体辅导

开展心理健康小游戏

学生体验催眠疗法，激发潜能

（二）悟道——取次花丛懒回顾，半缘修道半缘君

1. 技术路线

运用信息采集、学生体检、分析诊断、活动干预、专业治疗等方法，采取以个人心理调控为主、集中心理辅导为辅的策略。让学科课程成为中学生心理健康教育、健康人格培养的主阵地和主渠道；开展野外素质拓展训练激发潜能；举办专题讲座讲授青春期知识；办好家长学校，开展家长沙龙活动；做好个案辅导，实施危机干预；利用网络及时帮扶；开展丰富多彩的主题班

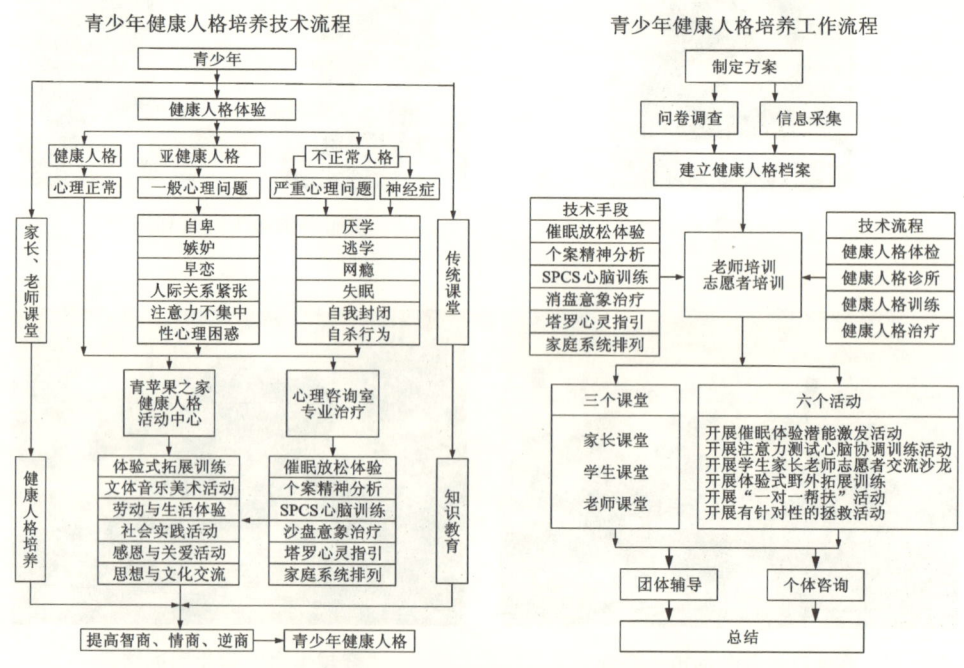
青少年健康人格培养技术流程和工作流程

会……充分激发学生的自主能动性，寻找并壮大中学生的人格健康因子，传递正能量，克制不良因子的蔓延发展，提高学生的智商、情商和逆商，最终帮助学生形成健康的人格，实现青少年的可持续发展。

2. 研究方法

文献法、调查研究法、综合分析法、行动研究法、教育心理实验法、个案研究法等。

三、因为爱，我们走过的路

我们聆听岁月，听得见"人"的觉醒。

我们回望来路，看得见"生命"的打开。

（一）求道——为伊消得人憔悴，衣带渐宽终不悔

1. 优秀教师是读出来的

学员们在双峰、涟源、娄底城区经常组织读书会，阅读《怎样读懂学生——心理特级教师的建议》《花开的声音》《情境教学操作全手册》《研修，教师的生存常态》《学生性格分析与教育对策》《正面管教》《生涯规划》等心育书籍。

首席名师谢平英和
核心成员组织读书会

李珊、朱卫群、刘小菊与工作室发放的
新书《怎样读懂学生》合影

在娄底市师培中心组织的"读书心得与论文"评比活动中，工作室提交了68篇作品。

2. 研修培训、交流学习

胡志英老师做讲座

永州市祁阳县心理健康名师工作室
主持人陶敏慧传经送宝

在娄底四中培训的2018年"省培"
学员与授课老师合影

表彰2017年度工作室"先进个人"

在娄底四中培训的2018年"国培"
学员与授课老师合影

娄底市心育名师工作室老师在娄底市
师培中心毛新琼带领下，前往双峰县
青树坪中学开展"送教下乡"活动

3. 区域交流，共同提高

（1）2018年组织了三次大型研修活动：3月在娄底四中举办的"心育+优课"、5月在涟源师培中心的"家庭教育"、10月在涟源蓝田学校举办的"培训+竞赛"活动。工作室老师参与热情高、学习效果好，写了100多篇心得体会，饱含深情，感人肺腑。

谢平英在涟源给100多位老师做心理健康专题讲座

省市领导与参加心育培训的工作室成员合影

（2）2018年组织工作室60余人次参加"心理健康教育进社区"志愿服务活动，通过做讲座、个案咨询等方法提高市民的家庭教育水平，为创建全国文明城市做贡献。

4. 课题研究，引领启航

李永福与谢平英的论文《野外拓展训练对青少年心理健康教育的作用》获第四届湖南省教育科学研究优秀成果奖。

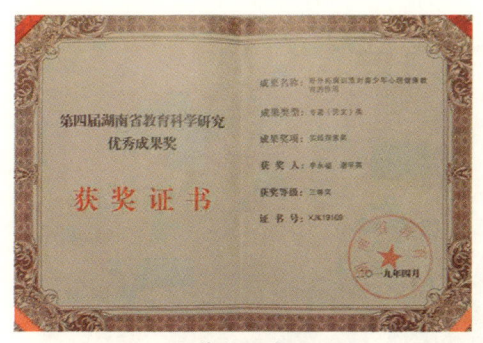

获奖证书

评审结果公示

谢平英老师主持的湖南省教育规划一般资助课题"社会秩序背景下中学生健康人格培养研究"获市级一等奖，结题为优秀。

廖明妃老师主持，廖正文、朱红辉等人参与的湖南省教育科学研究工作者协会重点课题"以儒学之道促初中生健康人格培养对策研究"完成了中期检查。

刘敬东、胡晖、李景龙、刘琼玉、黄科等人参与的湖南省社科基金教育专项课题"留守儿童自我意识培养研究"已经结题。

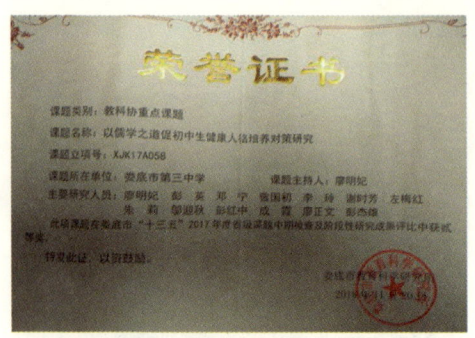

荣誉证书

结题证书

有一种研修，没有参与，你不知道精彩纷呈；

有一种平台，没有投入，你不知道温馨如家；

有一种学习，没有体验，你不知道学海无涯；

有一种交流，没有融入，你不知道头脑风暴；

有一种对话，没有深入，你不知道豁然开朗；

有一种苦累，没有体会，你不知道痛并快乐……

这就是求索、研修。

（二）行道——忽如一夜春风来，千树万树梨花开

1. 工作室教师成长迅速

李永福等8人获省市级优课老师，禹泽兰老师等18人在省市区级教学比武中获奖，胡志英老师等45人在市师培中心组织的"读书心得与论文"中获奖。周宇文校长、贺国平老师、谢小芳老师、李胜群老师和谢平英被评为娄底市的教育名校长或名师，谢平英还是"省优课""市优课"评审专家。

周宇文校长被评为娄底市"教育名校长"，谢平英、谢小芳、贺国平等被评为"教育名师"

李永福不仅是湖南省优秀教育工作者,而且被评为全国的"大国良师"。

2. 推介心育经验,发挥示范引领作用

(1) 2018年,开展了6次"送教送培下乡"活动。我们先后走进双峰青树坪中学、娄星区石井中学、双峰八中、涟源湄江中心学校、冷水江沙办中心学校、新化孟公镇中心学校,通过示范课、讲座、经验交流、读书会等方式,把先进的教育理念、教学方法带到农村学校,以点带面、资源共享,促进教育均衡发展。

娄底市教科所肖少和校长携谢平英心育名师
工作室成员赴冷水江沙办中心学校送教下乡

心育名师工作室赴石井中学"送培送教"

娄底市教科所和心育名师工作室
赴涟源湄江中心小学送教下乡

参加双峰青树坪中学送教下乡活动的
名师工作室的部分老师合影

(2) 开展培训活动。工作室承担了2018年"省培计划"——中小学心理健康辅导员集中培训(S216)和2018年"国培计划"——乡村寄宿学校班主任培训(D初中122)部分任务,李永福、胡志英老师、周宇文校长和主持人谢平英老师及李丽、杨向东等老师通过讲座、示范课、案例分析等形式分享心育经验,深获好评。

谢平英老师和刘敬东老师在"娄底教育大讲堂"主讲"中小学心理健康教育校本课程探索",听课老师评价"干货满满"。

娄底四中校长周宇文给2018年"省培"学员做专题讲座

心育名师工作室核心成员李永福给"省培"学员做专题讲座

主持人谢平英还在湖南人文科技学院做讲座4场。

2018年,工作室老师做讲座、上示范课达60余次,发挥了很好的示范、引领和辐射作用。

湖南省特级教师谢平英在娄底教育大讲座给娄底市近300名老师做专题讲座

心育名师工作室核心成员胡志英给"省培"学员做案例分析

3. 课程开发,形成成套教学资源

工作室首席名师、顾问、核心成员、骨干教师带领全体成员研读《中小学生心理健康指导纲要(2012年版)》,研究探索设计课程,进行优秀教案征集、评比,遴选了许多优秀课例、教案、课件等。

工作室成套教学资源:

(1)七年级上册、七年级下册、八年级上册、八年级下册、九年级上册、九年级下册整个初中学段心理健康教案。

（2）高一年级、高二年级、高三年级整个高中学段心理健康课教案。

（3）初中班级心理团体活动教案，分十四章，共 100 个教案。

（4）七年级上册、七年级下册配套微课、课件、教案。

（5）七年级：教案、课件、教学视频、微课、教学素材、团体辅导、相关音乐等成套资源共 122 条。

（6）高一上册：教案、课件、教学视频、微课、教学素材、音乐等成套资源共 99 条。

（7）高一下册：教案、课件、教学视频、微课、教学素材、音乐等成套资源共 123 条。

（8）教学参考用的视频 160 个。

（9）讲座、拓展活动教案等 150 个。

（10）教学参考用的课件 127 个。

（11）综合课程 103 个。

（12）典型案例 71 个。

（13）心灵音乐 44 个。

（14）PDF 电子书 210 个。

（15）精品课程 72 个。

（16）高中精品课程 13 章。

（17）初中精品课程 8 个单元。

（18）职业生涯规划成套教案。

（19）成套趣味心理游戏。

（20）成套古今中外心育案例启示录。

四、永葆初心，我们会走得更远

教育首先是学生精神成长的过程，然后才是学生学科知识获得的过程。

（一）善道——一钩已足明天下，何况清辉满十分

工作室拥有广泛的知名度和美誉度，国家宣教中心主任张汉湘率中央党校、中国社科院、清华大学、北京大学、人民大学的专家教授在省、市、区领导的陪同下来到娄底四中考察青少年健康人格工程，专家领导高度一致地肯定了我们的成绩，并且评价我们的经验具有整体性，全国领先。CCTV-10（科技）频道《家风》专题纪录片摄制组随行拍摄并播放了我们带领学生在

曾国藩故居开展健康人格培养活动情况。

工作室的青少年健康人格工程和心理健康教育先后被中央电视台、中国网、人民网、新华网、中国人民解放军网、国家体育总局网、湖南省人民政府网、湖南卫视、湖南经视、湖南红网、娄底市人民政府网、娄底综合频道、娄底都市频道、娄底日报、娄底广播电视报等100余家媒体报道300多次，受到了广大民众的高度好评，在全国产生了良好的品牌效应。

来自国家人口宣教中心的领导李传旭、
中央电视台记者、市区领导与
娄底四中师生在曾国藩故居合影

娄底四中师生在曾国藩故居
开展野外拓展训练

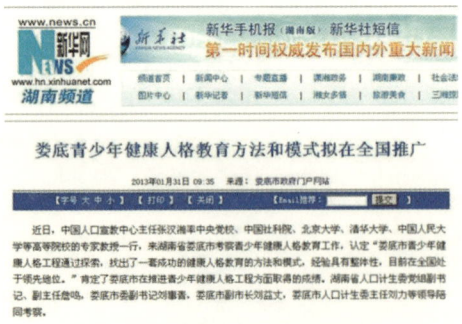

新华网报道娄底四中开展青少年
健康人格教育经验全国领先

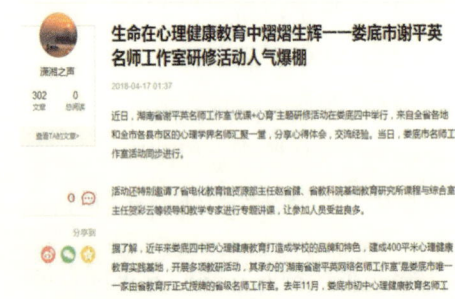

湖南省心育名师工作室与娄底市心理健康
名师工作室开展精彩研修活动的宣传报道

（二）达道——乘风破浪会有时，直挂云帆济沧海

教育即唤醒。首先要认识到"人"是独立的个体；然后把握"人"合适、需要、自由的"限度"，给予耐心的、良性的刺激和正面引导，帮助学生了解自己、接纳自己、实现自己；最后让"人"在螺旋式上升的目标追寻中，获得人格上的丰满、精神上的成长。

为此，工作室常年开展如下主题活动：

（1）中小学生团体心理辅导实操工作坊。

（2）生命教育与危机干预工作坊。

（3）中小学生情绪调节工作坊。

（4）中小学生人际交往工作坊。

（5）考试焦虑调适与干预工作坊。

（6）催眠疗法工作坊。

（7）意向对话工作坊。

（8）沙盘游戏工作坊。

（9）班主任心理辅导工作坊（常年开展）。

（10）心理绘画分析——房树人工作坊。

生命是美丽的，我们的教育要学会欣赏；

生命是有尊严的，我们的教育要学会敬畏；

生命是唯一的，我们的教育要学会珍惜；

我们将永葆初心，怀揣梦想，向更美好的教育奋力前行。

成果公报

"社会转型背景下中学生健康人格培养研究" 成果公报

谢平英　胡志英

课题类别：湖南省教育科学"十二五"规划2014年一般资助课题
课题批准号：XJK014BZXX037
学科分类：基础教育
课题负责人：谢平英，正高级教师，娄底市第四中学
主要成员：李永福　胡志英　银向锋　刘蒲南　李存战　周宇文
　　　　　曾亦农　徐建东　刘　纯　戴联寿　陶敏慧　谢大捷
　　　　　聂　磊　曾　恕　李霞晖　刘爱香　朱代幸

获奖证书

课题类别：湖南省教育科学"十二·五"规划2014年度一般资助课题
课题名称：社会转型背景下中学生健康人格培养研究
课题立项号：XJK014BZXX037
课题所在单位：娄底市第四中学
课题主持人：谢平英
主要研究人员：李永福、胡志英、银向锋、刘蒲南、李存战、周宇文、曾亦农、徐建东、刘纯、戴联寿、陶敏慧、谢大捷、聂磊、曾恕、李霞晖、刘爱香、朱代幸

此项课题在娄底市"十二·五" 2014年度和2015年度省级规划课题中期检查及阶段性研究成果评比中获 壹 等奖。

特发此证，以资鼓励。

娄底市教育科学研究所
2018 年 元 月　日

湖南省资助课题中期检查（市级一等奖）

结题证书

（课题编号 XJK014BZXX037）

课题类别：湖南省教育科学"十二五"规划一般资助课题
课题名称：社会转型背景下中学生健康人格培养研究
课题承担单位：娄底市第四中学
课题负责人：谢平英
主要研究人员：李永福、胡志英、银向锋、刘蒲南、李存战、周宇文、曾亦农、徐建东、刘纯、戴联寿、陶敏慧、谢大捷、聂磊、曾恕、李霞晖、刘爱香、朱代幸

此项课题已完成，经审核准予结题，特发此证。（等级：优秀）

湖南省教育科学规划领导小组办公室
2017年11月30日

湖南省资助课题结题（优秀）

结题证书

（课题编号 XJK012CZXX013）

课题类别：湖南省教育科学"十三五"规划一般课题
课题名称：城区非示范校高中生责任感养成的研究
课题承担单位：娄底市第四中学
课题负责人：周宇文
主要研究人员：戴联寿、吴红兵、钟燕、梁建军、严文、谢平英、胡志英、银向锋、李存战、彭华平、聂磊、刘纯、陈葵

此项课题已完成，经审核准予结题，特发此证。 等级：合格

湖南省教育科学规划领导小组办公室
2017年11月24日

湖南省课题结题（合格）

一、目标与内容

（一）研究目标

青少年健康人格工程是帮助青少年儿童解除成长中的困惑，培养良好品德情操、心理素质、行为习惯和社会适应能力，提高综合素质的一项社会性文化育人工程。湖南娄底市第四中学是全国首批8个试点单位之一。课题组成员通过课题研究，科学界定"社会转型背景下中学生健康人格培养研究"的内涵，构建可供操作评估的课题评价体系；构建学校、家庭、社会和自身和谐体系，深入探索"社会转型背景下中学生健康人格培养"的相关操作策略和培养途径；形成符合教育教学实际的中学生健康人格培养保障机制；构建学生主体地位，培养高素质创新型人才。

（二）研究内容

（1）通过心理测量和问卷调查，了解中学生的心理现状和人格现状。分析中学生人格问题产生的原因，考察社会转型对中学生世界观、人生观和价值观的影响因素及影响程度。

（2）加强中学生健康人格培养途径、方法和策略的研究。营造有利于中学生健康人格形成的环境；实现中学生心理健康教育由认知到行为的有效结合；建立学校、社会、家庭和自身四位一体的立体培养体系；实现中学生健康人格教育从被动接受到主动实践的转化。

（3）探寻矫正中学生人格问题的方法、途径，探寻中学生健康人格的理想模式，促进学生的自我实现。

（4）进行中学生健康人格培养的运行机制、长效机制研究和评价体系研究，如：设计、运用专业量表前测、后测，通过数据对比评价；学习能力、学业成绩前后的对比评价；学生自我评价；老师、同学评价；家长评价；社会评价等。

二、过程与方法

（一）研究过程

课题立项后，召开了课题组成员会议，明确了课题组成员分工，制定了课题任务书、开题报告书，查找与本课题研究相关的文献资料；开展个案访谈，确定了调查学校、心理测量量表、课题谈访提纲、调查问卷，统计调查数据，分析人格问题产生的原因，找出评价指标体系的相关研究理论；根据中学生健康人格培养已有的研究经验，在充分讨论调研的基础上，不断探索和完善中学生健康人格培养途径和评价体系，发表相关论文，编写教材，制作专题片等。撰写调研论文和研究报告，整理预期成果，总结本课题的研究经验，提交结题报告，申请结题。

（二）研究方法

本课题研究以行动研究法为主，结合问题所需运用文献法、调查研究法、综合分析法、教育心理实验法、个案研究法等综合进行研究。

三、结论与对策

（一）结论

1. 围绕三个方面开展青少年健康人格培养工作

（1）学生健康人格的维护。这是面向全体学生，提高学生基本素质的教育内容，包括智能训练、学习心理指导、情感教育、人际关系指导、适应能力的培养、自我心理修养指导、性心理教育等。

（2）学生心理行为问题的矫正。这是面向少数具有心理、行为问题的学生而开展的心理咨询、行为矫正训练的教育内容，多属矫治范畴，包括学习适应问题、情绪问题、常见行为问题、身心疾患、性行为问题。

（3）学生心理潜能和创造力开发。主要包括对学生进行判断、推理、逻辑思维、直觉思维、发散思维及创造思维等各种能力的训练和培养，还包括对学生自我激励能力的训练等，以提高学生的自主意识与能动性。

围绕这三大内容，开设"心理健康教育"正式课程，开展了心理测量、行为干预、情绪管理、潜能激发、催眠治疗、信心树立、综合分析、个案追踪等活动。

2. 探索健康人格培养"1366"模式

探索和完善健康人格培养"1366"工作模式。"1"是指建立一支专业的中学生健康人格工程工作队伍，分工合作，形成强大的合力。"3"是指开办好家长、老师、学生三个课堂，普及健康人格理念。第一个"6"是指推广六项技术：认知疗法、家庭系统排序、系统脱敏、经络催眠、沙盘意象治疗、SPCS生理相干与自主平衡，解决突出的心理问题。第二个"6"是指开展六项活动：第二课堂、互动交流沙龙、体验式野外拓展训练、催眠体验激发潜能、"心理健康教育宣传周"、心脑协调训练。我们一边探索实践一边总结提升，不断完善工作模式，使健康人格培养逐步走上了规范、科学、高效的道路。

3. 健康人格培养途径丰富

（1）让课堂成为中学生健康人格培养的主阵地和主渠道（发表论文《深入挖掘政治课程优势，全面培养学生健康人格》《如何在语文教学中进行健康人格教育》《让生物课堂中的教育细节精彩绽放》《浅谈美术教学对健康人格塑造的意义》《新课改背景下中学思品教师的心理素质探索》）。

(2) 通过活动培养健康人格（发表论文《良好的师生互动是培养健康人格的有效途径》《传承传统文化，培养健康人格》《劳动，点亮学生心中的明灯》《浅谈团体绘画心理辅导在促进中学生健康人格中的运用》）。

(3) 用核心素养引领健康人格的培养（发表论文《核心素养与健康人格的逻辑关联》《核心素养理念下的政治教学如何培养学生的健康人格》）。

此外，还有举办专题讲座讲授青春期知识；办好家长学校，开展家长沙龙；做好个案辅导，实施危机干预；利用网络及时帮扶；开展丰富多彩的主题班会等。通过规范工作流程，做好个体咨询、团体辅导、家长培训、社区服务、拓展训练等工作，总结、形成了《青少年健康人格培养技术流程、工作流程》。

4. 野外拓展活动成效好

我们通过成系列的野外拓展训练，激发学生潜能，落实健康人格培养、心理健康教育（发表论文《野外拓展对青少年心理健康教育的作用——以娄底四中为例》《青少年健康人格教育的探索》《人生是漫漫旅途，教育是慢慢浇灌》）。我们组织了15次大型拓展活动，这些活动能锻炼学生的体能，提高身体素质；陶冶学生情操，增强自信心；激发学生潜能，培养合作意识；激发学生的学习内力，提高社会适应能力；丰富学生的道德体验，提高学生的道德健康水平。

5. 探寻人格理想模式

构建学校、家庭、社会和自身和谐体系，研究运行机制、长效机制，研究科学、全方位的评价体系（获奖论文《从心出发，将健康人格教育贯穿于学校教育的全过程》《论青少年健康人格培养》《爱满杏坛，芬芳人生》）。设计、运用专业量表前测、后测，通过数据对比评价；学习能力、学业成绩前后的对比评价；学生自我评价；老师、同学评价；家长评价；社会评价等。

（二）对策

实施青少年健康人格工程，对于加强和改进未成年人思想道德建设，深入推进素质教育，建设青少年的精神家园，帮助青少年学生缓解学习和精神压力，从容应对自身生理和心理变化，适应激烈的社会竞争，更快乐、更有效率地学习，更健康地成长，意义深远。课题组成员主要以娄底四中为试验田，遵循政府主导、学校主体、高校指导、部队联动、社区参与、家庭互动的原则，积极调动各方积极性，扎实而深入地推进健康人格研究与实践工作。

1. 积极开展健康人格培养常规活动

(1) 率先在全市开设心理健康课，初一每班一周一节，高一每班2周一节。

(2) 组织新生进行心理体检，统计、分析答卷，了解学生心理状况，建立心理档案。

（3）每期举办心理健康教育讲座，包括女生讲座、考试减压讲座、青春期知识讲座、感恩教育讲座等。

（4）接待个案咨询，进行包括面向学生、老师、家长的宣泄，沙盘游戏，音乐治疗和个体辅导等。

（5）每期组织老师开展健康人格培养教研活动，每年组织全校班主任外出学习，总结健康人格培养经验。

（6）设置心理健康宣传板报并及时更新。

（7）经常开展团体辅导活动。

这些看似普通的活动，可以为步入或即将步入青春期的学生解除成长困惑，有利于学生健康人格的培养。

2. 搭建并完善健康人格培养6个平台

（1）配备高规格的心理辅导室和心理测试软件，搭建学生健康人格维护的平台，建立学校健康人格辅导站，完善"心理健康体检→心理健康辅导→心理健康治疗"的科学流程。

（2）搭建阅读、文化交流平台，加强学生对健康人格知识的学习，编写生动、实用、科学的校企合作教材《心理健康教育课程设计与开发》（湘潭大学出版社，2017年11月）和德育读本、校本教材《健康人格三字经》。

（3）建立完善心理咨询QQ群、微信群、心理委员会等信息交流平台，加强学生、老师、家长之间的联系沟通。

（4）建立宣传橱窗、芳草园文学社、校园广播站等校园文化宣传平台，加强对青少年健康人格理念、知识的传播。

（5）构建家庭、学校、社会和个体四位一体的立体培养平台，为学生的健康人格培养提供全方位的支持。

（6）科学评估青少年健康人格培养的效果，组建名师工作室，撰写经验总结、论文，编写教材，开展课题研究，搭建总结经验平台。

3. 有序开展课外拓展系列主题教育活动

（1）红色之旅：参观韶山、花明楼等红色基地，追寻伟人足迹，了解伟人事迹，接受传统教育，树立远大理想。

（2）高考辅导：走进大学校园，走进大自然。大家席地而坐，听讲座，体验催眠，激发学习内力，助力高考。

（3）湖湘文化：参观曾国藩故居，从富厚堂步行到白玉堂，穿插湘军出发等训练，学习治家治国理念，传承优秀家风家训，探寻湖湘文化、耕读文化。

（4）国防教育：开展夏令营活动，体验军营生活；由解放军官兵带领师生负重远足拉练，通过履带战车、雷区取水等训练，培育爱国情怀。

（5）磨炼意志：翻越龙山、九峰山、仙女峰等，获得高峰体验；锻炼体能，提高身体素质；释放压力，磨炼坚强意志；培养了团队合作意识。

（6）激发潜能：参加户外训练，如幸福大转盘、信任背摔、穿越电网、生命之旅、攀越毕业墙等，唤醒心理内力，激发巨大潜能。

（7）爱心教育：关爱贫困留守儿童，赴康复医院送温暖，捐款捐物，同台演出，使学生的心灵受到洗礼，提高道德健康水平。

从2012年5月1日到2017年11月20日，我们组织娄底四中师生开展的大型拓展活动体验式教学共15次，参加活动的师生、家长有10000多人次，熔炼了学生的心理素质、人格品质，符合现代教育的价值取向，是培养青少年心理健康教育的有效途径。

四、成果与影响

（一）研究理论成果得到了社会的认可

课题组成员积极开展调查研究，坚持走中学生健康人格培养理论研究与实践探索活动相结合的道路。课题组成员大多长期从事中学教育教学工作，承担了对学生的道德人格教育和心理辅导任务；少数成员是高校专家、教育局干部、进修学校老师，对中学生的健康成长提供理论指导与技术服务。大家分工合作，课题研究成果丰硕。

（1）将健康人格培养"1366"模式写成案例《专业与爱，让生命绽放异彩》，被教育部评为"全国中小学德育工作优秀案例"。"中学生人格健康培养的研究"被娄底市教育局评为"研究性学习成果一等奖"。

（2）课题组成员与湖南人文科技学院教育学院一起合作编写的《心理健康教育课程设计与开发》由湘潭大学出版社出版，德育读本（校本教材）《健康人格三字经》也即将出版。

（3）在公开刊物发表论文17篇，其中在国家级教育类中国核心期刊、中国人文社科学报核心期刊全国百强社科发表4篇（在《教育科学博览》发表《良好的师生互动是培养健康人格的有效途径》，在《教育学文摘》发表《核心素养与健康人格的逻辑关联》和《青少年健康人格教育的探索》，在《湖南人文科技学院学报》发表《野外拓展对青少年心理健康教育的作用——以娄底四中为例》）。获国家、省、市、区奖励的论文33篇。

（4）课题组成员参加省区市教学竞赛、案例设计等获奖18次，指导学生获奖22次。汇编资料14本，制作专题片5部，编写校歌1首。

（5）湖南省心理健康网络名师工作室和娄底市心理健康工作室相继落户娄底四中，课题主持人被评为湖南省心理健康首席名师（高中）和娄底市心理健康首席名师（初中）。

（6）经验介绍、推广。课题组探索的健康人格培养经验在"国培计划2014"——湖南省心理健康骨干教师和小学语文骨干教师培训班推介，在湖南省心理健康教育网络名师工作室成员学习培训班、娄底市心理健康教育教学研讨会、娄星区健康人格教育现场研讨会推介，在湖南人文科技学院推介，与教育学院开展《青少年健康人格培养协同育人项目》横向研究。

（二）研究实践成果促进了学校的发展

本课题研究成果在娄底四中试行，成效显著。

1. 学生、家长与老师共同成长

开阔学生视野，提高学生的健康人格水平；提高家长素质，构建良好的家庭教育环境；激发老师对心理学的热爱，促进老师成长。

2. "荣誉""基地"纷纷落户娄底四中

"湖南省心理健康教育特色学校"、"湖南省基础教育心理健康网络名师工作室"（全省唯一）、"湖南省心理健康学科省级教师培训基地"、"湖南省教育学会学校心理教育专业委员会理事单位"、"中国人民解放军62172部队宣教基地"、"湖南人文科技学院校校合作实践基地"、"青少年健康人格工程实践基地"、"娄底市首届心理健康名师工作室"、"娄星区'家庭心理关爱工程'示范基地"纷纷落户娄底四中。

3. 得到了上级奖励和经费支持

湖南省教育厅、娄底市委市政府、娄底市青少年健康人格工程领导小组办公室等奖励娄底四中健康人格培养13万元；湖南省电教馆、湖南省教育科学研究院、娄底市委市政府、娄底市教育局、娄底市电教馆、娄星区教育局、娄星区卫计委、娄星区妇联等给予娄底四中健康人格培养专项经费主持60万元。

4. 领导、专家评价

国家人口计生委宣教中心主任张汉湘率中央党校、中国社科院、北京大学、清华大学、中国人民大学等高等院校的专家教授一行，来到湖南省娄底四中考察青少年健康人格教育工作，一致认为："娄底四中找出了一套成功的方法和模式，经验具有整体性，在全国处于领先地位。"中国人口宣教中心主任姚宏文高度评价我们的健康人格培养："站位高、研究深、做得实、参与广、效果好"。中国人口宣教中心副主任李传旭、中央电视台记者朱少宇、湖南省教育督导评估专家与评价协会常务副会长罗春晖、湖南省教科院基础教育研究院课程与综合研究室主任、省心理健康教育教学研究专业委员会秘书长贺彩云、娄底市四大家领导、中国人民解放军驻娄某部队副政委康剑华等都对我们的健康人格培养给予了高度好评。

5. 媒体报道

2015年9月15日，CCTV-10（科教）频道《家风》专题纪录片摄制组随行拍摄娄底四中师生在曾国藩故居开展健康人格培养活动情况，于2016年3月12日、13日播放，相关专家再次高度肯定学校成果，获得了良好的社会反响。我们的青少年健康人格工程先后被中央电视台、中国网、人民网、新华网、中国人民解放军网、国家体育总局网、湖南省人民政府网、湖南卫视、湖南经视、湖南红网、娄底市人民政府网、娄底综合频道、娄底都市频道、娄底日报、娄底广播电视报等100余家媒体报道300多次，受到了广大民众的高度好评，在全国产生了良好的品牌效应。

五、改进与完善

（1）理论研究还应更深入，特别是加强道德人格的研究，继续探寻应试环境下的教育唤醒、教育本质，把"立德树人"的要求落到实处。

（2）家长是孩子的第一任老师，也是终身老师，但部分家长认识不够，家庭教育问题较大。我们应重视家庭，重视家教，重视家风，为孩子营造良好的家庭氛围。

（3）继续深入推进健康人格培养和心理健康教育工作的开展。撰写有代表性、创新性和实用性的好论文，不断丰富校本教材和专著，将研究成果系统化，使经验好操作、可复制、可推广。

德育案例

专业与爱,让生命绽放异彩
——娄底四中健康人格培养纪实

谢平英　李永福　曾亦农

一、主题

教育的本质是人格塑造,教育的终极目标是塑造人格健康的人,让人类社会变得更美好。娄底四中调研中学生心理现状,分析人格问题产生原因;加强健康人格培养的途径、方法和策略研究;探索出"1366"模式,实现中学生心理健康教育由认识到行为的有效结合;研究中学生健康人格培养的运行机制、长效机制和评价体系。本案例经过近6年持久深入的实践与探索,成绩斐然。

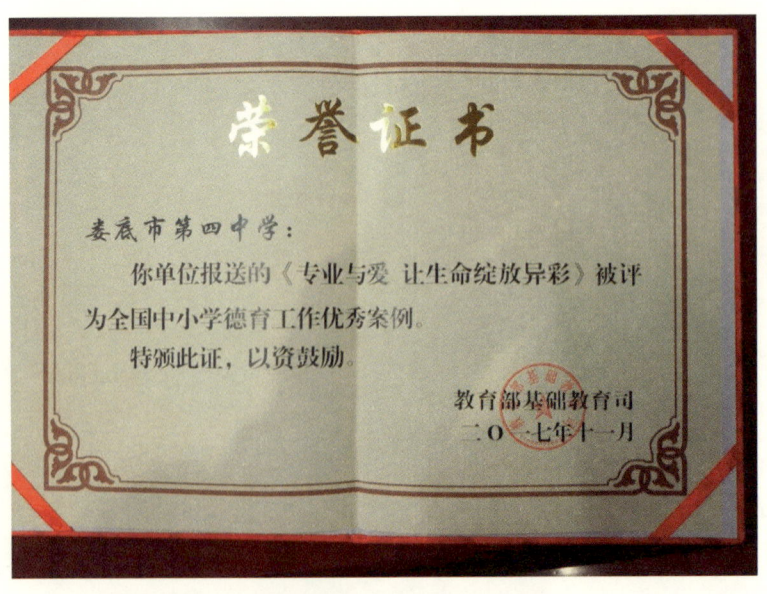

全国优秀德育案例获奖证书

二、背景

在社会转型背景下,青少年承受着巨大的压力。一方面,社会对青少年的教育培养偏重知识和学历,忽略品行和人格的塑造;另一方面,处在生理和心智发育过程中的他们,难以自觉抵御错误思想和消极现象的侵蚀,部分青少年出现心理和人格问题,且逐步上升为一个严重的社会问题。

中学生健康人格的培养不仅关系到中学生的健康和成长,而且关系到全面小康社会的建成和中国梦的实现。中学生正处于人格发展的形成期和塑造期,加强健康人格培养已成当务之急。国家高度重视本项工作,颁发了《关于进一步加强和改进未成年人思想道德建设的若干意见》《关于加强中小学心理健康教育的若干意见》和《关于实施青少年健康人格工程的通知》等文件,并且要求大家认真执行。

三、过程

1. 工作内容:落实三方面工作,兼顾全体和特殊学生

(1)健康人格维护:智能训练、学习心理指导、情感教育、人际关系指导、适应能力培养、自我心理修养指导、性心理教育。

(2)心理行为问题矫正:学习适应问题、情绪问题、常见行为问题、身心疾患、性行为问题。

(3)心理潜能和创造力开发:判断、推理、逻辑思维、直觉思维、发散思维、创造思维及自我激励等训练和培养。

2. 工作方法:构建全方位"1366"模式

探索可靠实用的"1366"工作模式。"1"是指建立一支专业的健康人格工作队伍。"3"是指开办家长、老师、学生三个课堂,普及健康人格理念。第一个"6"是指推广六项技术:认知疗法、家庭排序、系统脱敏、经络催眠、沙盘治疗、SPCS生理相干与自主平衡,解决突出心理问题。第二个"6"是指开展六项活动:第二课堂、互动沙龙、野外拓展、催眠体验、心育宣传周、心脑协调训练。

3. 搭建并完善6个平台

我们搭建并完善6个平台。一是配备高规格的心理辅导室和心理测试软件,搭建学生健康人格维护的平台;二是搭建阅读、文化交流平台,加强学生对健康人格知识的学习,编写生动、实用、科学的校本教材;三是建立完善心理咨询QQ群、微信群、心理委员会,加强师生、家长间的了解;四是建立宣传橱窗、文学社、环境渲染等校园文化宣传平台,加强对健康人格理念的传播;五是构建家庭、学校、社会和个体四位一体的立体培养平台,为健康人格培养提

供全方位支持；六是科学评估健康人格培养效果，搭建总结经验平台。

4. 野外拓展训练：心育的有效途径

野外拓展训练是一种体验式教学，能熔炼心理素质、人格品质，符合现代教育的价值取向。我校通过系列主题训练，来落实心理健康教育。红色之旅：参观韶山等红色基地，追寻伟人足迹，树立远大理想；国防教育：开展夏令营活动，体验军营生活，负重远足拉练，培育爱国情怀；爱心教育：关爱贫困留守儿童，赴康复医院送温暖，捐款捐物，同台演出，使心灵受到洗礼，提高道德水平；湖湘文化：参观曾国藩故居，学习治家治国理念，传承优秀家风家训，探寻湖湘文化、耕读文化；高考辅导：走进大学校园和大自然，听讲座，体验催眠，激发学习内力，助力高考；磨炼意志：爬山、拉练，释放压力，锻炼体能，提高素质，培养合作意识；激发潜能：参加信任背摔、穿越电网、生命之旅等，唤醒内力，激发潜能。

5. 工作成效：学生、家长与老师共同成长

学生普遍感受深刻，问题学生走出困境，健康人格的维护水平明显提高，精神面貌、学习积极性等都发生了可喜的变化。家长提高了科学育儿水平，亲子关系融洽，家庭教育环境转好。老师受益匪浅，激发了对心理学的兴趣，有5人考取国家二级心理咨询师。课堂成了健康人格培养的主阵地。老师心态更平和，看到学生的不良言行，能满怀爱心地循循善诱，让学生感受到成长的快乐，师生关系越来越融洽。

6. 建设工作室，发挥示范、引领作用

我们将积累多年的健康人格培养资料，以各种各样、形象生动的形式在省基础教育资源网的名师工作室平台展示，栏目齐全，资料翔实，深受好评。谢平英作为省心理健康教育首席名师，组织名师工作室研讨会、培训班、教学比武、健康人格现场交流会等，邀请来自全省中小学的心理工作者参加大会，发挥示范、引领和指导作用。

四、评析

（一）理论依据

关于人的全面发展理论：由马克思、毛泽东、邓小平、江泽民、胡锦涛、习近平等相继提出；健康人格理论：马斯洛的自我实现人格理论、五因素人格模式理论、人格的社会学习理论、文化与人格相互作用理论；素质教育理论。本案例结合哲学社会科学、教育科学、心理学等基础理论，开展中学生健康人格培养研究。

（二）研究意义

分析社会转型背景下中学生人格现状、形成原因，增强健康人格培养的

针对性、实效性和权威性。坚持"以学生为本"的新理念，从中学生健康人格培养受到内外环境影响入手，坚持从中学生的思想变化和实际需求出发，探究中学生健康人格各要素的变化，进而探索增强中学生健康人格培养的有效途径，构建中学生健康人格培养的评价体系，彰显中学生健康人格培养的理论价值和实践价值，对于推进我国教育发展、提高人口素质有着重要意义。

（三）研究方法

文献法、调查研究法、综合分析法、行动研究法、教育心理实验法、个案研究法等。

（四）成果丰硕

16篇健康人格论文公开发表，36篇获国家、省、市级奖励。省级一般资助课题"社会转型背景下中学生健康人格培养研究"，完成中期研究；省级课题"城区非示范性高中学校学生养成教育的培养"，准备结题。编写《健康人格三字经》等心育资料20多本；制作心育专题片3部；10余人次获省市心育教学竞赛奖。

湖南省心理健康教育特色学校、省心理健康名师工作室承办学校、省心理健康学科省级教师培训基地、娄底市青少年健康人格工程实践基地落户我校。我校被评为娄底市创新管理先进案例、健康人格基地一等奖、关爱家庭心理先进单位，获奖金与专项经费近50万元。

（五）反响良好

2013年，中国人口宣教中心主任张汉湘率中央党校、中国社科院、北大、清华、人大等高校专家，来我校考察，一致评价"娄底四中找出了一套成功的健康人格教育方法和模式，经验全国领先。"2015年，中国人口宣教中心主任姚宏文赞扬我校的心育工作："站位高、研究深、做得实、参与广、效果好。"

2015年9月，CCTV-10拍摄了我校师生开展健康人格活动情况，于2016年3月12日进行了报道，并播放了我给学生讲曾国藩故事的同期声，获得了良好的社会反响。我校的健康人格培养被中央电视台、中国网、人民网、新华网、湖南省人民政府网、湖南日报等100余家媒体报道上300次，在全国产生了良好的品牌效应。

没有一种成长像生命成长那样复杂多变、难以琢磨，正因为如此，没有一种实践活动像教育那样充满了智慧挑战。教育就是用一棵树去摇动另一棵树，用一片云去推动另一片云，用一个灵魂去唤醒另一个灵魂。专业与爱，促进学生全面自由发展，让生命绽放异彩！

心育论文

心理健康教育特色在校园文化建设中的有机渗透

周宇文[①]

【摘要】 校园文化是学校本身形成和发展的物质文化和精神文化的总和。健康的校园文化，可以陶冶学生情操、启迪学生心智，促进学生的全面发展。本文试从对中学生心理现状的分析入手，阐述我校如何打造心理健康教育特色，培养学生核心素养，为他们一生的发展和幸福奠定良好的基础。

【关键词】 校园文化建设；心理健康教育；健康人格培养

校园文化是以校园为空间，以广大师生为参与主体，以长期的教育、教学、管理、学习和生活为主要内容，以文化的广泛交流以及特有的生活节奏为基本形态的一种新型群体文化。一般说来，校园文化主要包含物质文化、精神文化以及制度文化。

校园物质文化属于校园文化的硬件设施，主要指校容校貌、教学设施、科研条件和服务设施等。校园精神文化是校园文化的核心内容，包括校园的历史传统、办学目标、教育理念以及全体师生所认同的文化观念和价值观念。校园制度文化是校园文化的内在机制，包括学校的行为规范、工作制度、学习制度和责任制度。它是维系学校正常工作秩序的运行机制，是校园文化建设的保障系统。

学校作为培养人才、传承文明的场所，"怎样培养学生，培养怎样的学生"已成学校面临的课题，我们认为在多元文化激烈碰撞的今天，必须通过

---

① 周宇文，男，中共党员，1965年10月出生，1986年7月参加工作。本科学历，湖北大学教育管理专业研究生班毕业。"国培""省培"授课专家，娄底市优秀教师，娄底市优秀校长，娄星区首届师德标兵。有10多篇论文在国家级、省级、市级刊物上发表，独立主持或参与多个国家级或省级课题。

校园文化的重新构建，加强心理健康教育，促进学生的全面发展。

一、当下中学生普遍存在的心理问题

（一）学业障碍问题

学生中常见的学习障碍问题主要表现在不同程度的厌学、学习目的不明确、缺乏学习动力、学习态度不端正等。若学习成绩长期得不到提高，学生就极易产生心理失衡，否定自己，严重的甚至会患上抑郁症。

（二）人际交往问题

人际交往问题是学生最关注的问题之一，也是学生产生心理困惑的主要来源之一。中学生既渴望友情又不知道怎么与人和谐相处，如与朋友产生矛盾或争吵时不会处理、没有知心朋友等。

（三）情绪、情感问题

中学生处于青春期，情绪强度大，不稳定，容易失控，造成生活、学习上的困扰。有些情窦初开，对异性充满好奇，渴望与异性交往，有时分不清是友情还是爱情，陷入早恋。但从心理学的角度来说，中学生的心理尚未成熟，缺乏恋爱经验和处理恋爱问题的能力，一旦感情受伤便痛苦不堪，无法恢复自己正常的学习和生活状态，少数极端的甚至产生轻生和伤害他人的念头。

二、校园文化建设与学生心理健康之间的关系

校园文化具有多方面的功能，其中大部分功能是对学校德育与心理教育功能的补充、调节、支持和完善。

（一）认识功能

通过开展校园文化建设，中学生可以认识社会、认识人生，有利于培养他们正确的人生观、世界观和价值观。

（二）教育功能

校园文化的建设过程，是学生自我教育、自我管理、自我实现、自我提高、自我完善，促进个性发展的过程。

（三）导向功能

校园文化以其特有的内容、方式以及所形成的氛围潜移默化地影响着每个学生的思想品质、行为规范和生活方式。同时，校园文化寓教于乐，引导学生对美的追求，帮助学生形成良好的素质。

（四）规范功能

通过规章制度、行为关系准则及学校舆论，特别是群体的影响力规范约束学生的言行，调整其偏离的心态行为，促使他们健康发展。同时，在现代

文化与传统文化、外来文化与民族文化的碰撞中，校园文化通过其固有的教育整合作用，能增强学生抵制"灰色文化"的能力，使学生按照社会文化发展的主流方向健康成长。

三、在校园文化建设中渗透心理健康教育元素

要办有灵魂的学校，而一所学校的灵魂就体现在校园文化里。以文化人，立德树人，塑学生健康人格，促教师卓越发展，作为校长，我提出了这一办学理念。将心理健康教育特色渗透到校园文化建设中，我认为可从如下几方面入手。

（一）打造优雅的校园环境

美国斯坦福大学第一任校长约旦在他的开学献辞中说："长长的连廊和庄严的列柱也是对学生教育的一部分。四方院中每块石头都能教导人们知道体面与诚实。"布局合理、整洁美观的校园环境，能够陶冶学生的情操。在优美的环境下学习、生活，能激发学生热爱生活、积极向上的情感。

近几年，我校校园建设日新月异。对学校的整体布局、建筑的造型、色彩、视野与周围建筑的协调性、呼应性以及校园绿化、室内布置、校园卫生、教学硬件的构置、摆放等方面，我们都精心设计，三栋教学楼分别以"润德""厚德""弘德"命名，两个广场分别以"和乐""和美"命名，并在广场树立"万世师表"孔子的雕像。在"博学"园"弘毅"园里，文明礼仪、求学做人等标语巧妙点缀，独具匠心，已形成学校特有的文化环境。

教学楼整齐庄重、体育馆典雅大气，掩映在绿树红花中，春有桃花、樱花、石榴吐艳，夏有樟树、梧桐、银杏郁郁葱葱，秋有桂花飘香，冬有茶花盛放，松柏斗寒长青。地面确保平坦、整洁干净，师生徜徉其中，心旷神怡，自然会产生爱护的心态，进而养成干净、卫生的习惯。给草坪、小树、花草等标上牌子，牌子上写上有关花草、树木的名称、习性等，或写上"小草正在睡觉"等暗示语，这样既增长了学生的知识，又能进行此地无声胜有声的心灵教育。

教室内张贴名人画像、格言警句，教学楼上悬挂永久性标语十余条，走廊上张贴社会主义核心价值观标语、励志横幅、文明言行的温馨提示，使学生每天耳濡目染，天长日久，植根于心，促使其在深层心理结构中调节和支配自己的行为，进行无声的心理健康教育。

（二）校训校风教风校歌

校训是广大师生共同遵守的基本行为准则与道德规范，既是学校办学理念、治校精神的反映，也是校园文化建设的重要内容。它体现了一所学校的办学传统，代表着校园文化和教育理念，是人文精神的高度凝练，是学校历

史和文化的积淀。我校的校训归纳为：明德，弘毅，求实，创新。明德，彰显高尚的道德，使受教育者的思想革旧从新，达到至善至美的最高境界；弘毅，士不可以不弘毅，任重而道远；求实，实事求是，探索真知；创新，一切发展离不开创新，创新是学校永葆生机、兴旺发达的源泉和动力。

教风是指凝聚在教与学过程中的精神动力、态度作风、方法措施等，通过学校全体成员的意志与行动，逐步地形成和固化，成为一种传统和风格。这些传统和风格对学生的成长起着重大的作用，对学校的发展和建设产生深远的影响。我校的教风是：乐业，爱生，博学，善导。它要求教师爱生如子，诲人不倦，不断学习，不断提升自我，善于引导学生。

学风是学生对待学习上的思想态度和行为表现，主要通过学习目标、学习态度、学习纪律、学习方法、学习兴趣、学习效果等具体地反映出来。我校的学风是：勤学，好问，明辨，笃行。它要求学生努力学习，善于思考，明辨是非，践行所学，知行合一。

校歌《美哉四中》，经广大师生集思广益，多次修改，最终定稿。"绿树成荫，百花争艳，美哉四中生机无限。勤学好问，笃行明辨，体强艺专，全面发展，特色绘出美丽风景线。啊，四中，四中，我们从这里出发，去追逐梦想，拥抱幸福，幸福……"明快的歌词，昂扬的旋律，荡漾在校园上空，荡漾在师生心中，激起一种强烈的归属感和自豪感。

在良好教风学风的基础上，形成良好的校风，优良的校风一经形成，就会构成一种独特的教育心理环境，成为影响整个学校生活的重要因素，使师生在和善和乐和美的氛围中快乐成长。

（三）重视校园规范建设，完善学校规章制度

校园规范属于校园文化中的制度性文化，是一所学校贯彻落实日常行为规范的条件和保证。每个成员都要有一定的行为准则来统一其信念、价值观和行为，以保证学校教育目标的实现和教育活动的一致性。为此，我们制订和完善了一系列规章制度和岗位职责。

在对学生管理方面，除《中学生守则》《学生行为规范》外，学校还结合实际制订了"中学生一日常规"，公物损坏赔偿制度，升国旗制度及"三好学生""美德少年""学习标兵""文明班级"评比条例等，并装订成册，人手一本，有效约束了师生行为，大大地激发了师生奋发向上、积极进取的热情。

（四）创设氛围，广泛开展校园社团文化活动

生活和心理环境的优化，人格的健全，和谐、宽松、友好的人际关系的形成，公正、宽容、理解的集体舆论，能使学生的个性自由发展，发挥其想象力、创造力。我校各种活动层出不穷，为校园文化增添了很多色彩和生机。

我校现有心理、阅读、书法、篮球、足球、排球、羽毛球、歌咏、舞蹈、广播站等20多个社团，并且每周都开展活动。其中，尤以心育社、朗诵社、读书会、写作社、器乐团、生物探秘、武术、书法等特别活跃。学生在社团活动中培养了能力，发挥了特长，彰显了个性，增强了团队凝聚力。

学校每年都举办艺术节、运动会，开展演讲比赛、歌咏比赛、年级体育竞赛、青年志愿者活动。学校成立了校足球队、舞蹈队、篮球队等。各班每月都开展主题班会。通过这些活动，学生的道德、意志、情感受到了教育，心理状态得到了调整。同时，学生也有了发挥特长、表现才能和施展个性的舞台。

（五）实施青少年健康人格培养工程

2012年3月至今，我校实施青少年健康人格培养工程，根据学生的心理状况和身心健康成长的需要，明确了如下心育工作内容。

针对初中生，除了培养他们良好的学习能力和适应环境的能力外，侧重青春期教育，让他们认识并接纳青春期所带来的生理和心理的变化，正确看待与异性的友谊，学会与异性健康交往，注意矫治作弊、说谎、吸烟等不良行为。

针对高中生，除了以上的心理健康教育内容外，开展了生涯发展规划课程，帮助学生正确认识自己的个性、兴趣、能力水平和社会的发展需要，培养职业兴趣，明确升学和就业的人生意义，掌握择业技巧，学会承担责任，做好就业升学准备。

几年来，我校在学生中普遍开展了心理测量、行为矫正、情绪管理、潜能激发、音乐放松、意象对话、沙盘团辅、绘画疗法、个案追踪等心育工作，并在娄底白鹭山庄、韶山红色基地、橘子洲头、湖南大学、岳麓书院等多处、多次开展拓展训练，参观曾国藩故居，探寻湖湘文化，开展部队联谊，培育爱国情怀，翻越龙山之巅，释放心灵压力，磨炼坚强意志。

在长期的校园文化建设中，我们搭建并完善了6个平台。

（1）配备了高规格的心理辅导室和心理测试软件，搭建学生健康人格维护的平台，建立学校健康人格辅导站，完善"心理健康体检→心理健康辅导→心理健康治疗"的科学流程。

（2）搭建阅读、文化交流平台，引导学生自我觉察、自我成长，编写生动、实用、科学的校本教材。

（3）建立完善心理咨询QQ群、微信群、心理委员会，加强学生、老师、家长之间的信息交流，防患于未然。

（4）建立宣传橱窗、芳草园文学社等校园文化宣传平台，加强对青少年健康人格理念的传播。

（5）构建家庭、学校、社会和个体四位一体的立体培养平台，为学生的健康人格培养提供全方位的支持。

（6）科学评估青少年健康人格培养的效果，搭建总结经验的平台，定期召开分享会、总结会、交流会、研讨会、心理沙龙等，不断提升工作水平。

蓬生麻中，不扶自直；白沙在涅，与之俱黑。校园文化建设给学生的成长创设了风调雨顺的生态环境，学生精神面貌发生了显著变化。经调查，有78%的学生变厌学为好学，学校凝聚力大大加强，师生关系、亲子关系变得和谐。学生释放出了内心的苦闷，摆脱了情绪压抑、逃学厌学的困扰，走出了网瘾早恋的烦恼，学习变得轻松愉快，注意力、记忆力、自信心和学习成绩都有了明显提高。

校园文化是一所学校内涵的彰显，没有特色文化的学校只能是一所没有方向和灵魂的学校。实践证明，校园文化建设与学生核心素养的养成是一个双向互动的动态过程，在校园文化建设中凸显心理健康教育特色，是培养学生核心素养行之有效的途径。

参考文献

[1] 顾明远，鲍东明，刘晨光. 顾明远教育论述精要［M］. 福州：福建教育出版社，2016.

[2] 雷玲. 打开教育之门［M］. 北京：北京师范大学出版社，2016.

野外拓展训练是开展青少年心理健康教育的有效途径
——以娄底四中为例[①]

李永福[②] 谢平英[③]

【摘要】 在社会转型背景下，加强对青少年的心理健康教育成为当务之急。野外拓展训练是一种体验式教学，能熔炼受训者的心理素质、人格品质。野外拓展训练能锻炼学生的体能，提高身体素质；陶冶学生情操，增强自信心；激发学生潜能，培养合作意识；激发学生的学习内力，提高社会适应能力；丰富学生的道德体验，提高学生的道德健康水平。娄底四中开展了一系列的野外拓展训练，探索了一条培养青少年心理健康教育的有效途径。

【关键词】 野外拓展训练；心理健康教育；有效途径

随着社会急剧转型，价值观念、文化生活出现了多元化变迁，青少年在思想、学习、生活等方面承受着前所未有的压力。由于社会偏重知识和学历，忽略青少年品行和人格的塑造，部分青少年出现了信念淡薄、心理健康水平下降、社会适应能力差等现象，青少年的心理和人格问题成了一个较为突出的社会问题。野外拓展训练符合现代教育的价值取向，符合当前健康新概念：一个人只有在躯体健康、心理健康、社会适应良好和道德健康等方面健全，

[①] 本文系湖南省教育科学"十二五"规划课题"社会转型背景下中学生健康人格培养研究"的阶段性成果之一，编号：XJK014BZXX037。本文已在《湖南人文科技学院学报》2017年第2期发表。

[②] 李永福（1966—），男，汉族，湖南涟源人，中共党员，娄底二中校长，高级教师，本科毕业。主要从事学校教育教学管理、心理健康教育与中学生健康人格培养研究。

[③] 谢平英（1969—），女，汉族，湖南双峰人，中共党员，娄底四中老师，湖南省基础教育网络名师工作室主持人，高级教师，国家二级心理咨询师，本科毕业。主要从事初中思想品德教学、心理健康教育与中学生健康人格培养研究。

才是一个完全健康的人。近几年，娄底四中在青少年心理健康教育野外拓展训练方面进行了有效的探索。

一、野外拓展训练概念及其发展状况

野外拓展训练原意为义无反顾地投向未知的旅程，去迎接一次次新的挑战。从某种意义上来说，野外拓展的本质是就是生存拓展。这种训练起源于第二次世界大战期间的英国，当时大西洋商务船队屡遭德国人的袭击，许多缺乏经验的年轻海员都葬身海底，哈恩等人就创办了一所名叫阿伯德威的海上学校，专门训练那些年轻海员在海上的生存能力和教授他们船触礁后的生存技巧。后来，野外拓展训练对象扩大到军人、学生、工商业人员等群体，训练目标也由体能、生存训练扩展到心理训练、人格训练和管理训练等。野外拓展训练利用自然环境及人工场地设计的设施，通过精心设计活动和培训课程，提升参与者的自信心、意志力、决断力，熔炼受训者的人格品质，提高受训者的心理健康水平；同时，培养参与者的组织归属感、责任感及团队精神，形成较强的团队凝聚力和战斗力，为组织目标的实现提供有效帮助。野外拓展训练注重为学生提供真实或模拟的环境和活动，方式新颖、有趣，让学生通过"体验—分享—交流—整合—应用"五个阶段循环往复，创造难忘的学习体验，帮助学生形成积极的人生态度和和谐、自由、开放、高效的人格模式，达到具有和谐的内部心理机制和行为上富有高效能的人格状态或境界。

二、当代学生开展野外拓展训练的必要性及其意义

开展野外拓展训练，能够磨炼人的意志、陶冶人的情操、激发人的潜能、增强人的团队合作意识和竞争意识，让人在未来的工作、生活和学习中都更加具有行动力和自信心。青少年的心理健康教育不仅关系到他们本身的健康和成长，而且也关系到全面小康社会的建成和中国梦的实现。青少年的价值观、人生观、世界观尚未最终形成，可变性和可塑性较强，正处于形成期和塑造期，缺乏应对复杂事物和控制自我情绪的能力，加强对青少年的心理健康教育——开展野外拓展训练，功在当代、利在千秋。

（一）野外拓展训练能锻炼学生的体能，帮助他们超越自我

在野外拓展训练中，让学生背负一定重量的生活用品和野外活动装备，跋山涉水，穿越丛林，使学生充分享受回归自然、放松身心乐趣的同时，利用崎岖山路、乡间小路、瀑布等自然环境资源开展攀爬、速降、远足拉练、定向越野等活动，对学生的体力和意志力提出了严格的挑战，使学生在体能上得到了锻炼并增强了体质。在整个活动过程中，教师改变了传统的居高临

下的位置和命令式的语气，完全融入整个团队，与团队成员共度艰难险阻，尤其是鼓励平时不爱活动、体质较弱的学生，不扯小组的后腿，努力保持旺盛的斗志、坚定的信心，激励全体队员发扬团队协作的精神，充分交流、共享、协同参与，挑战体能极限，挑战自我，超越自我。

（三）野外拓展训练能陶冶学生情操，增强学生的自信心

野外拓展训练利用大自然的条件，以高山、流水为衬托，强调自然的氛围，崇尚自然与环保，通过创意独特的专业户外体验式培训，达到陶冶情操、提升情商的目的。拓展训练既有一定的身体活动，又让学生通过典型化和游戏化活动的亲身体验、分享和总结回顾，得到心灵上的震撼和洗礼，并把得出的经验和教训运用到日常的学习、生活和工作当中。野外拓展训练可以让学生充分认识到自己的实力，引爆和激发团队成员的力量，使他们在心理上得到考验，克服心理上的障碍，培养独立思考和独立解决问题的能力，磨炼克服困难的毅力，增强自信心，从而从容地面对生活、工作和学习中的种种困难和挑战。

（三）野外拓展训练能激发学生潜能，培养学生的合作意识

在野外拓展训练中，团队成员之间会相互鼓励、相互协作、相互关心，大家可以明白团队对每一个人的意义所在，知道团队合作的重要性，明白一个团队的成功才是真正的成功。人格的社会学习理论认为，人格是否健康主要表现于社会适应中，个体人格的社会适应程度是判断人格是否健康的主要标准；健康人格的形成取决于个体与社会的互动，人格是个体的人与社会互动的产物；个体只有从社会人格模式中吸收好的成分，才能不断地改进自己的人格结构，不断完善个体人格。野外拓展训练主要以培养合作意识与进取精神为宗旨，要求学生在野外拓展训练开始前、项目进行和取得阶段性胜利后要经常高呼自己的队名、队训并唱队歌，这会使整个团队和每个学生都以高昂的斗志和饱满的情绪去面对困难。当学生面对巨大的困难时，这种团队的氛围会对学生产生巨大的鼓舞作用和压力，使学生心理和生理方面的巨大潜能被激发，从而克服平时难以克服的困难，获得成功后的高峰体验。这种成就感不同于以往的成功，这是学生在了解团队的概念，体会团队的行为，认识团队的力量，发挥团队的优势，启发和培养团队的创新意识，并将学生个体人格与社会人格常模（团队要求）对照，根据团队要求对自己的人格缺陷或人格偏差不断加以改进和矫正，承受团队巨大压力的情况下获得的，所以它有利于培养学生的团队意识、合作意识，使他们改善人际关系，学会与人相处，学会与自然相处，进而达到人与自然的和谐。

（四）野外拓展训练能激发学生的学习内力，提高学生的社会适应能力

每个人的身体里都有两股力量，一股是我们表面上看得到的肢体力量，

叫作生命外力，一股是我们表面上看不到的心理力量，叫作生命内力。人的肢体力量比较弱小，而人的心理力量像一块无比巨大的核电池存在于每个人的身体中，一旦被唤醒，则是无限的，就能改天换地，无坚不摧，势不可挡。野外素质拓展教育活动，应该要激活和唤醒人体内的这块巨大电池。野外拓展训练不仅可以让学生在完成训练项目过程中锻炼体能、磨炼意志、陶冶情操、熔炼团队，产生顿悟、开悟，激发和唤醒心理内力，而且可以让他们获得从书本上、课堂上无法获得的独特感觉。"坚持着、坚持着，就到了终点，这是一种非常美好、奇妙的感觉。""我昨天还和父亲大吵一架，并摔坏了他的手机，今天的拓展活动让我突然明白：我愧对我的爸爸，我想对他说声'对不起'！""父母、老师就是我们（'盲人'）生命之旅中的引路人（'哑人'），我们应该感谢他们！""团结就是力量，合作创造奇迹。""纸上得来终觉浅，绝知此事要躬行。"学生的这些分享就是学生心理内力被激活和唤醒的见证。

（五）野外拓展训练能丰富学生的道德体验，提高学生的道德健康水平

野外拓展训练为学生提供了一个道德体验场，为学生模拟了一个社会情境，使得学生模拟地进入广阔的社会生活中，在其中感受生活世界的各种关系，践履美德，选择符合个性德行的行为方式，并在实践活动中发生道德体验。团队的氛围为学生产生道德体验提供了必要的情境。每个项目结束后，师生围坐在一起分享。在开放式对话中，大家诚恳地敞开心扉，真实地展现自己的经历，自由地交流自己的喜怒哀乐，充分与大家分享自己内心最深切的感受，容易激活在场其他人的思维，唤醒在场的每一个人对自己生活阅历的回忆和省思，达到共情，发生道德体验。这种情境下的道德体验，不同于独处时的道德体验，它已经不是个体领悟意义上的道德体验，而是在相互对话中互相碰撞、激发和相互分享境界上的道德体验。最后，教师要以深层的理论剖析这个项目背后的内涵，肯定每个学生的出色表现，讲述自己的道德体验，使整个道德体验分享达到巅峰。

三、娄底四中开展野外拓展训练的情况及其经验

为了探索青少年心理健康教育的途径，娄底四中开展了一系列野外拓展训练。2012年5月1日，野外拓展训练这种体验式教学正式在我校初90班实施，由学生、家长、老师和志愿者组成的100多人的团队，冒雨赶到娄底市大埠桥经济开发区白鹭山庄举办"雷锋1号"青少年健康人格工程野外拓展训练活动。其训练项目主要有幸福大转盘、信任背摔、穿越电网、生命之旅、攀越毕业墙等。2013年4月10日，我校组织高106班的全体同学赴韶山、花明楼，参观伟大领袖毛泽东、刘少奇的故居，接受革命传统教育，同时，进

行了8公里的徒步拉练训练。2014年5月6日，我校组织高118、120班的140余名师生及家长参观曾国藩故居，探寻湖湘文化。从富厚堂到白玉堂的9公里路程大家全部步行，途中穿插了破冰、快乐接力、背靠背传球、趣味中餐等野外拓展训练项目。2014年11月17日，我校组织初108、高106、118、129及原初90班师生300人走进中国人民解放军驻娄某部队，参观军营，观看汇报片，欣赏战士表演，体验军营生活。由100多名解放军官兵带领师生进行9公里的负重远足拉练，途中安排了急行军、履带战车、雷区取水、节节攀升等野外拓展训练。2015年5月12日，我校组织高三200多名学生爬仙女峰，释放高考压力。在山上，学生们席地而坐，听取全国青少年健康人格工程特聘专家李国强教授的快乐高考专题讲座。同时，还开展了体验经络催眠、激发学习潜能等野外拓展活动；2015年7月18日至19日，组织高一139、140班新生先到中国人民解放军驻娄某部队开展夏令营活动，战士们整齐的队列操练、高超的汽车驾驶技术、高难度的400米障碍跑、精彩的军营讲座等别开生面的第二课堂活动更是一次深刻的国防、爱国教育。之后，还组织学生观看了飞水漂流、夜宿农家、攀越龙山等表演。2015年9月15日，组织初三、高一200多名学生及家长参观曾国藩故居，学习曾国藩的勤奋好学和治家治国理念，并开展了同心圆、湘军出发、滚雪球等野外拓展训练。2016年3月28日，组织高三200余名学生及家长开展了"追随伟人足迹，迎接快乐高考"活动。师生们经韶山到长沙，沿着毛主席在湘活动路线，参观了毛主席故居、铜像广场、橘子洲、湖南大学、东方红广场、岳麓书院、爱晚亭，追随伟人足迹，了解伟人事迹，感受革命情怀，树立远大理想，写下庄严承诺，坚定了牢记使命、不畏艰难、求学奋进、立志报国的决心。2016年5月11日，组织学生100余人来到娄底市康复医院开展第25周年慰问活动，并与医护人员、精神病人共同庆祝第104个国际护士节，学生、医护人员及精神病人同台表演精彩节目。学生了解到精神病人是弱势群体，精神上的疾病比肉体上的疾病更令人痛苦，学会了尊重和关爱弱势群体。学生们既懂得了平时要关注、重视、维护心理健康，又被白衣天使的慈爱奉献精神所感动，心灵受到了洗礼。2016年12月27日，组织高一142、143、高二157、160班共320人，走进双峰县石牛乡马鞍学校，了解、关注留守儿童的艰难处境，培养学生的调研能力。同时，通过文艺演出、捐款捐物，奉献爱心，传递真情，培养学生的爱心；通过攀登九峰山等野外拓展训练，磨炼意志，增加自信，增强勇气，提高生存能力；通过和留守儿童互动，培养合作意识，丰富人生阅历，培养健康人格，促进健康发展。

娄底四中开展的野外拓展训练，培养了青少年的健康人格，提升了学生的心理健康教育水平，得到了学生、家长、社会各界的充分肯定，产生了很好的示范效应。2013年1月4日，国家人口宣教中心主任张汉湘率中央党校、社科院、北京大学、清华大学、人民大学的专家、教授一行在省、市、区领导的陪同下到我校考察，一致认为我校的经验全国领先，值得推广。2015年9月15日，CCTV-10（科教频道）《家风》专题纪录片摄制组拍摄我校在曾国藩故居开展野外拓展训练活动，并于2016年3月12日、13日在中央电视台播放。我校开展的野外拓展训练被中央电视台、新华网、人民网、国家体育总局网、湖南省人民政府网、湖南经视、湖南电子报、娄底市人民政府网、湖南日报、娄底综合频道、娄底日报等100多家媒体报道达300多次，在全国产生了良好的品牌效应。

参考文献

[1] 陈丽梅. 论野外拓展训练中后现代主义教育理念［J］. 中国西部科技，2008（6）.
[2] 齐伟. 野外拓展训练中的大智慧［J］. 人才资源开发，2015（6）.
[3] 孙楠楠. 现代大学生野外拓展训练的实施与实效分析［J］. 吉林省教育学院学报，2014（12）.

立足健康人格培养特色，开发心育校本课程

胡志英[①]

【摘要】 校本课程是对国家课程和地方课程的必要补充。我校就如何立足学校健康人格培养特色，开发心理健康教育校本课程，做了一些尝试。本文阐述了我们的成功经验和做法，探讨了中学心理健康教育校本课程的相关问题。

【关键词】 自我成长；健康人格

心理健康教育所追求的终极或最高目标是学生的自我成长和自我实现。心理健康教育课程以增进人的心理成长为宗旨，以心理健康教育的进程为依托，组织师生互动的心理情境，通过交流、对话、讨论等多种形式，促进学生的发展和心理品质的提升。

2012年，我校开始实施健康人格培养工程，并围绕三个方面开展工作。一是学生健康人格的维护。这是面向全体学生，提高学生基本素质的教育内容。其具体包括智能训练、学习心理指导、情感教育、人际关系指导、适应能力的培养、自我心理修养指导、性心理教育等。二是学生心理行为问题的矫正。这是面向少数具有心理、行为问题的学生而开展的心理咨询、行为矫正训练的教育内容，多属矫治范畴。其具体包括学习适应问题，如厌学；情绪问题，如抑郁、焦虑等；常见行为问题，如多动、说谎、打架、沉迷网络；

[①] 胡志英，女，汉族，中学高级教师，国家二级心理咨询师。湖南省教育学会学校心理教育专业委员会会员，湖南省心育教研专业委员会会员，湖南省心理健康教育谢平英网络名师工作室、娄底市初中心理健康教育名师工作室核心成员，"国培计划""省培计划"授课专家，区县初中心理健康工作坊主持人。国家级重点课题"普及校园足球，塑造健康人格"、省教育厅科研项目"中小学校园暴力的心理原因及预防对策研究"、省基础教育一般课题"小学心理健康教育的团体辅导研究"核心成员。

身心疾患，如神经衰弱、失眠、疑心症、强迫症；性行为问题等。三是学生心理潜能和创造力开发。它主要包括对学生进行判断、推理、逻辑思维、直觉思维、发散思维及创造思维等各种能力的训练和培养。同时，还包括对学生自我激励能力的训练等，有利于提高学生的自主意识与能动性。

2014年，我校在娄底市率先为新生开设心理健康教育课，每周一节，由国家二级心理咨询师担任专业教师。在教学实践中，我们探索出了"1366"的有效工作模式。"1"是指建立一支专业的青少年健康人格工程工作队伍。"3"是指开办好家长、老师、学生三个课堂，普及健康人格理念。第一个"6"是指推广六项技术：认知疗法、家庭系列排序、系统脱敏、经络催眠、沙盘意象治疗、SPCS生理相干与自主平衡，解决突出的心理问题。第二个"6"是指开展六项活动：第二课堂、互动交流沙龙、体验式野外拓展训练、催眠体验激发潜能、"心理健康教育宣传周"、心脑协调训练。

近年来，我校投入大量经费，建设两室、五区。两室即心理咨询室和团体辅导室。五区即心理放松区、心理宣泄区、心理测量区、沙盘游戏区、心理阅读区五大功能区。心理沙盘沙具、宣泄人、音乐放松椅等硬件设施确保了心理健康校本课程日后的实施与效果反馈。

在此基础上，我们还立足学校健康人格培养特色，开发了心理健康教育校本课程。

一、依据学校文化架构，制定校本课程开发的总体目标与阶段目标

从系统论来说，中学心理健康教育校本课程开发的目标是由一系列子目标构成的。从纵向考虑，应按年级不同设置分目标；从横向考虑，应该与纵向结合设置每个年级应该培养的心理素质。我们结合校情及校本课程开发总体目标制定了如下分目标。

中学低年级：帮助学生适应中学的学习环境和学习要求，培养正确的学习观念，发展学习能力，改善学习方法。

中学中年级：了解自己，学会克服青春期的烦恼，逐步学会调节和控制自己的情绪，抑制冲动行为；加强自我认识，客观地评价自己，积极与同学、老师和家长进行有效沟通。

中学高年级：逐步适应生活和社会的各种变化，培养对挫折的承受能力，把握升学的选择方向；形成健康人格和良好的个性心理品质。

二、根据目标，明确心理健康教育校本课程要遵循的原则

（一）超前性原则

学校教育的基本目标是为社会培养所需要的人才，社会是不断发展变化

的，如果我们的教育目标没有一定的超前性，那么培养出来的学生就会难以适应未来的社会。因此，我们要面向社会、面向未来，选择有利于适应未来社会的心理品质、特征作为心理健康教育校本课程的目标。

（二）发展性原则

所谓发展性原则，即校本课程目标的制定要符合学生心理发展的规律，每个年龄阶段都有其相应的课程教育目标，达到相应的目标可以一步一步地促进学生心理健康地发展。对此，第斯多惠（Diesterweg）讲得很清楚："教学必须符合受教学生的发展水平，要从学生的发展水平出发开始教学，并且循序渐进地教下去。"

（三）可操作性原则

所谓可操作性原则即教育目标不能模糊空泛，而是要明确、具体地化为可观察评定和可以训练培养的行为特征。这些特征是可以观察到的，可以通过一定的测验方法和评定方法来评估的，并且可以通过一定的教育手段和措施加以训练和改造的。

三、把握校园文化的精髓，编制心理健康教育校本课程

校本课程内容的设定是整个课程开发的核心，结合《中小学心理健康教育指导纲要（2012年修订）》的规定，我们确定了心理健康教育校本课程的内容。

（一）学习心理指导

学习心理指导是指教育者依据现代学习理论，针对影响学生学习的因素，有目的、有计划和有步骤地教会学生如何学习的过程。学习心理指导是对学生学习活动中心理活动的指导，其目的在于通过此种指导培养学生良好的学习心理品质，使学生的心理机能得到更好的发挥，提高学习效率，完成学习任务。

（二）情感教育

情感教育是指把情感作为人的发展的重要领域之一，对其施以教育的力量。情感教育是教育过程的一部分，它关注教育过程中学生的态度、情绪以及信念，以促进学生的个体发展和整个社会的健康发展。

（三）性格教育

性格是人对客观现实的稳固态度以及与之相应的习惯化了的行为方式方面的心理特征。性格的形成是主体和客体相互作用的结果。性格是个性心理特征的核心特征，对个性心理的其他特征和倾向起支配作用，决定着个人活动的方向。

（四）人际关系指导

人际关系是人与人之间由于交往而建立起来的一种心理关系。它反映了

个人或群体寻求满足其社会需要的心理状态，表明了人们在相互交往的过程中关系的深度、亲密性、融洽性和协调性等心理方面联系的程度。

（五）性心理健康教育

性心理健康教育既是知识的教育，也是人格的教育和心身健康的教育，对青少年尤为重要。

在课程开发的过程中，我们根据不同年段，进行不同侧重点的课程开发内容，低年级课程设计主要以活动体验为主，高年级则是体验感悟以及行为反思。针对学生的年龄特征及一些共性问题，我们设计了内容丰富、形式多样、生动活泼的教案，解决他们在学习、生活中遇到的各种心理困惑，充分开发他们的潜能，促进其健康人格的形成。

四、校本课程开发中我们获得的体验

（一）师生及家长显著变化

学校青少年健康人格工程、心理健康课程改变了许多青少年的性格，也改变了他们将来的命运。学生普遍感受深刻，家长受益匪浅，亲子、师生关系更加融洽，学生的精神面貌、学习热情、心态、人格等都发生了可喜的变化。

家长们通过参加家长会、志愿者和学生一对一的辅导，也学到了培养、教育小孩的方法。家长的心态由暴躁变得平和，越来越能够与孩子有效沟通了。一位刘姓的女家长，听完专家的课程后，恍然醒悟，意识到孩子的所有问题其实也是父母本身的问题，立即调整了其家庭教育方式。

学生们则在活动中增长了见识，陶冶了情操，悟出了道理。活动还激发了学生的学习潜能，使学生的注意力集中了，记忆力增强了，理解力提升了，自信心提高了，健康人格的维护水平明显高于其他同学。

学生日记摘录一：通过此次活动，我学到了很多课堂上学不到的东西，这些东西仿佛让我一下子变得成熟了，懂得了学习的意义，懂得了时间的宝贵，懂得了人生的真谛，我的心灵真真切切成长了！

学生日记摘录二：心理健康培训就像一阵清风，刮去了我心头的烦躁；就像一股清泉，滋润了我的心灵；就像一缕阳光，使我豁然开朗！

学生日记摘录三：让我感触很深的当然是催眠术，我感到了谢老师传递给我的能量。第二天上课，我感觉精力充沛，注意力、集中力、思维能力都有很大提升。

学生日记摘录四：我好像脱胎换骨一样，焕然一新，学会了用新的视角去看新事物，用新的姿态去学习，把自己体内蕴藏的潜能通通都爆发出来。今天晚上真是太高兴了，因为我看到了希望，不再觉得那么迷茫。

（二）学校课程显示了成效与活力

几年来，心理健康课已经成为我校学生最喜欢的课程，每次还没上课，就有学生跑来问老师：这周我们的活动主题是什么？是不是需要准备一些上课材料？校本课程已经在我校生根发芽，真正地显示了它的成效与活力。

（三）教师合作密切，学科整合更科学

心理学认为，人的感受和体验产生于人的活动。我们引入活动教学，作为这门课程的基本教学模式。以个体经验为载体，以活动为中介，通过精心设计的活动，通过角色扮演、情景体验、经验分享、谈话沟通、行为训练等多种多样的活动形式，通过师生共同的参与，引起学生相应的心理体验，从而施加积极的影响。同时，在活动中建立起为学生所认同和接受的规范和价值，促进学生达到自我认识、自我成长。

我们将心育贯穿于教育教学的全过程，全员参与，在各学科教学过程中形成了"人人都是心理健康教育工作者"的良好氛围，并且融会贯通，有机整合，使学校形成了巨大的凝聚力，焕发出勃勃生机。

中学生生理、心理发展迅速但未成熟，青春迷茫，急需引导。教书育人，教师不仅要传授知识，更重要的是当好学生人生的导师。心理健康教育，对学生一生的发展起着举足轻重的作用。塑造学生健康人格，让学生的精神家园变得丰盈而美好，为他们的幸福人生奠基，我们永远行走在路上。

参考文献

［1］白亮，颜洁. 中小学心理健康教育校本课程开发的实践探索［J］. 内蒙古师范大学学报（教育科学版），2011（8）.

［2］潘佩玲，林黎华. "健康人生"校本课程的开发与实施［J］. 教育导刊，2011（3）.

［3］陈家麟. 学校心理健康教育——原理与操作［M］. 北京：教育科学出版社，2002.

挖掘思政课程优势　推动学生健康发展

银向锋[①]　肖梅滨[②]

习近平在思政教师座谈会上指出，思想政治理论课是落实立德树人根本任务的关键课程。该讲话肯定了新时代学校思想政治课堂的重要性，认为它不仅是培养学生理想信念优良品质的主要阵地，也是培育青少年健康人格阳光心态的重要渠道。实践中，学校和教师要深入挖掘并充分发挥思政课程的优势，全面推动学生的健康发展。

一是要积极提升，与时俱进，铺好健康发展连心桥。能否培养出身心健康、发展全面的人才，教师起着至关重要的作用。在全面实施素质教育的当下，各科教师都必须深入学习心理学的专业知识，并且自觉地运用相关理论去指导、解决学生中存在的错综复杂的心理现象，而政治教师在这方面具有得天独厚的优势。在施教过程中，教师要尤其注意规范自己的行为。首先，要树立正确的学生观，尊重学生，热爱学生，做学生的知心朋友。其次，要自觉调适自身的心理状态，保持心理健康。当负面情绪产生之后，要学会自我放松，转移注意，设法排遣，千万不可将负面情绪转向成长中的学生。教师在教育教学中要保持积极乐观、平和稳定、健康向上的心理状态，使学生如沐春风、心情舒畅、健康成长。

二是要善于发现，深入挖掘，用好心理教育资源库。现在的思想政治教材中许多内容都渗透着对学生的人格要求，是心理健康教育的重要资源。比如，人教部编版政治教材七年级上册《成长的节拍》《交友的智慧》《师长情

[①] 银向锋，男，中共党员，1978 年出生，大学本科学历，娄底四中教师。国家二级心理咨询师、娄底市心理健康讲师团特聘讲师、湖南省校园文学社团工作先进个人，娄底市教育系统宣传工作先进个人，娄星区优秀教育工作者，娄星区首届"十佳"优秀青年志愿者。

[②] 肖梅滨，女，1978 年出生，1997 年参加工作，大学本科学历，娄底三小教师。担任班主任工作多年，教学经验丰富，是学校数学骨干教师，娄星区小学数学教师资格证面试考官，数学教学案例《角的认识》被人民教育出版社结集出版。

谊》《生命的思考》，七年级下册的《青春时光》《做情绪情感的主人》《在集体中成长》等诸多章节中，都包含了丰富的心理健康教育资源。老师可以通过这些内容的教学，引导学生正确认识自己，学会与人交往、珍惜友谊、珍爱生命、合理调控情绪、正确对待竞争与合作等，从而在教学过程中实现学生健康人格的自然培育，达到最佳的教育效果。

  三是要把握特点，正面引导，同谱和谐共进幸福曲。在教学过程中，政治老师要注意营造良好的课堂教学氛围和师生关系，在培养学生良好情绪的同时培养学生健全的情感；要注意通过中外优秀的人生哲理和生活智慧故事，引导学生正确认识评价现实生活中的真善美和假恶丑现象；要注意把握学生的心理特点，引导他们以乐观的态度接受自己，相信"天生我材必有用"；要注意激发学生积极进取、顽强拼搏的奋斗精神，培育克服困难的勇气和坚定顽强的意志，让学生在达成目标的过程中不断进行自我完善；要注意恰当地借助心理辅导方法，运用个别谈话、电话咨询、心理游戏、辅助测试、个案分析、宣泄疏导、积极暗示等手段，调控学生的情绪状态，增强其健康的心理素质。

  在做好学生心理健康教育方面，政治教师还要准确把握政治课程的精髓，将教师、教材、学生以及多样的教学方法、丰富的社会内容有机结合，全面落实习近平在全国卫生与健康大会上强调的"把人民健康放在优先发展战略地位"讲话精神，让每一位学生都能走出心灵的孤岛，拥抱美丽的春天，享受美好的世界。

图书在版编目(CIP)数据

健康人格三字经／周宇文主编. —长沙：中南大学出版社，2020.3
 ISBN 978-7-5487-3933-3

Ⅰ.①健… Ⅱ.①周… Ⅲ.①人格－素质教育－中学－教学参考资料 Ⅳ.①G631

中国版本图书馆CIP数据核字(2020)第006912号

健康人格三字经

主编 周宇文

□责任编辑	彭辉丽	
□责任印制	易红卫	
□出版发行	中南大学出版社	
	社址：长沙市麓山南路	邮编：410083
	发行科电话：0731-88876770	传真：0731-88710482
□印　　装	湖南鑫成印刷有限公司	
□开　　本	710 mm×1000 mm 1/16　□印张 12.75　□字数 242 千字	
□版　　次	2020年3月第1版　□2020年3月第1次印刷	
□书　　号	ISBN 978-7-5487-3933-3	
□定　　价	48.00元	

图书出现印装问题，请与经销商调换